Pueblo Libro de Colorear
AF417762

Pueblo Libro de Colorear

Pueblo Libro de Colorear

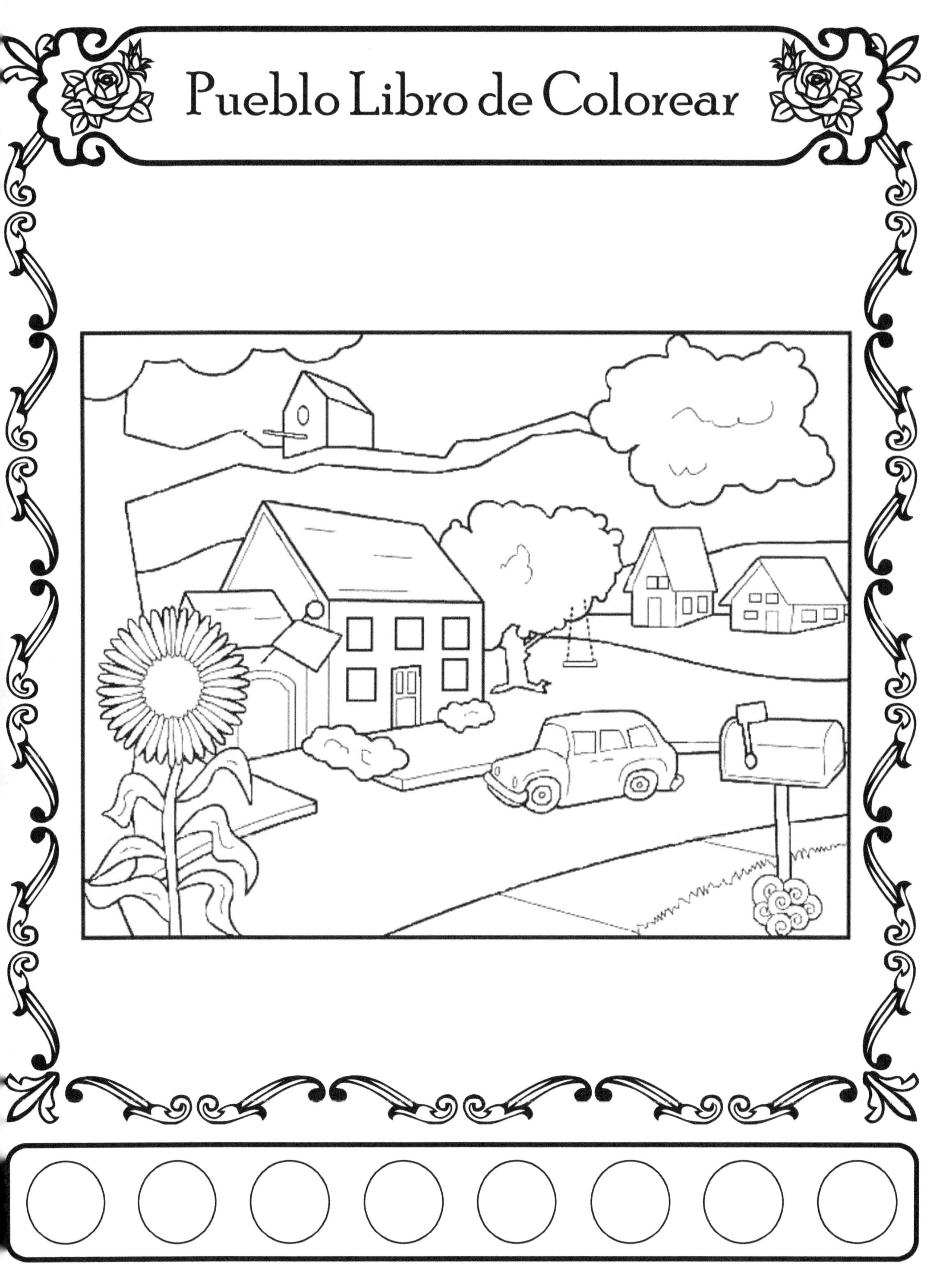

Pueblo Libro de Colorear

Pueblo Libro de Colorear

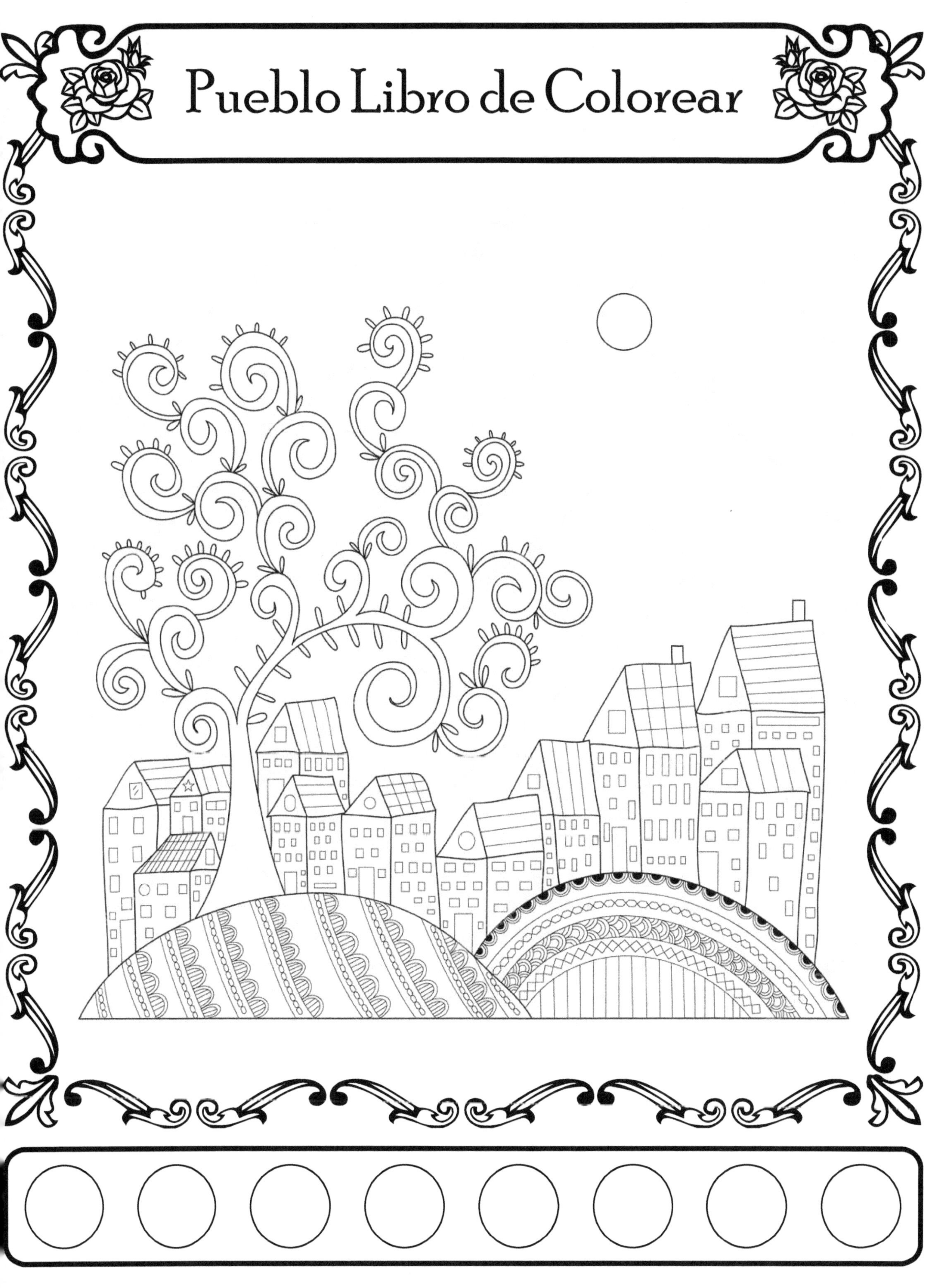

Pueblo Libro de Colorear

Pueblo Libro de Colorear

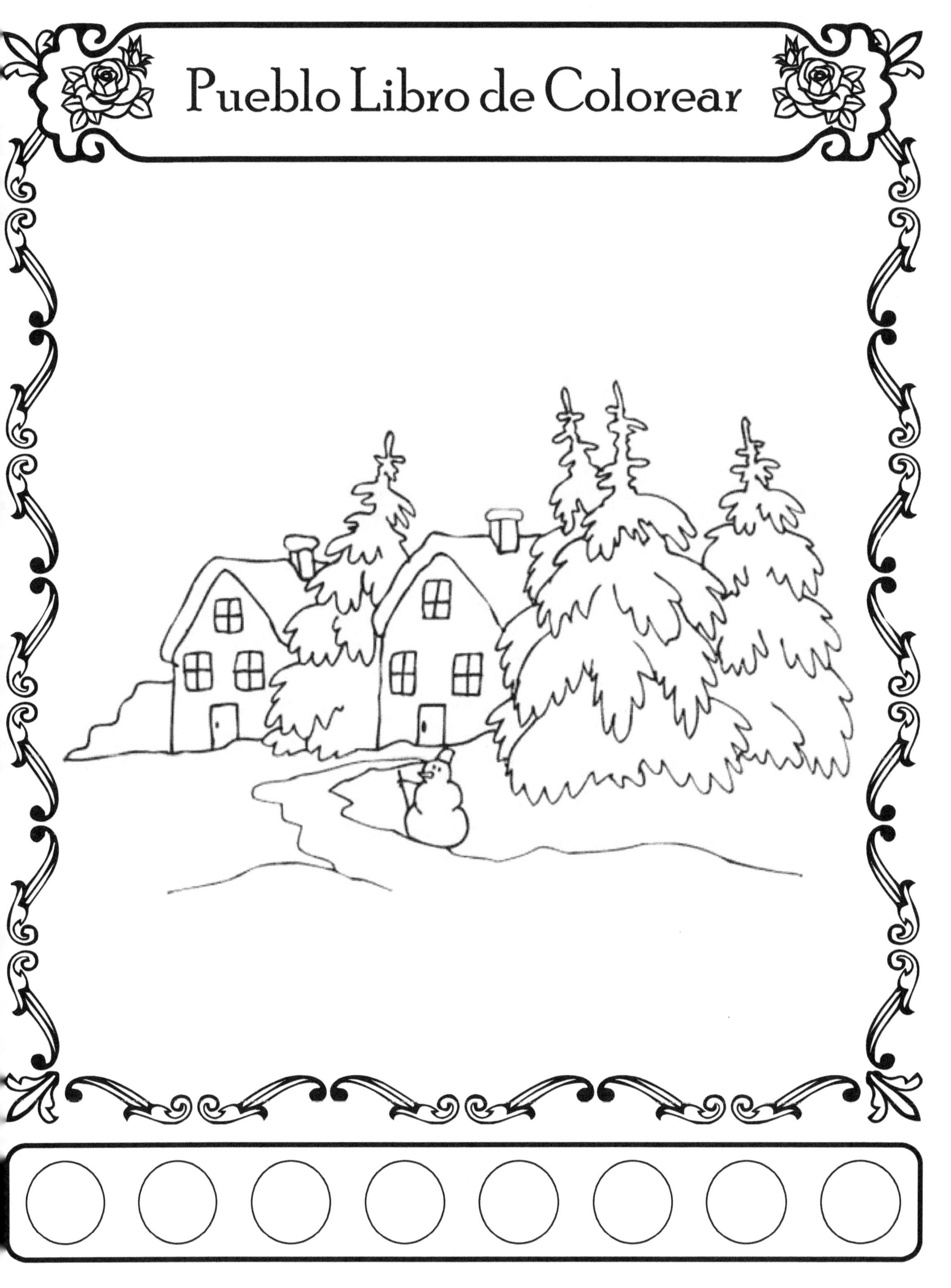

Pueblo Libro de Colorear

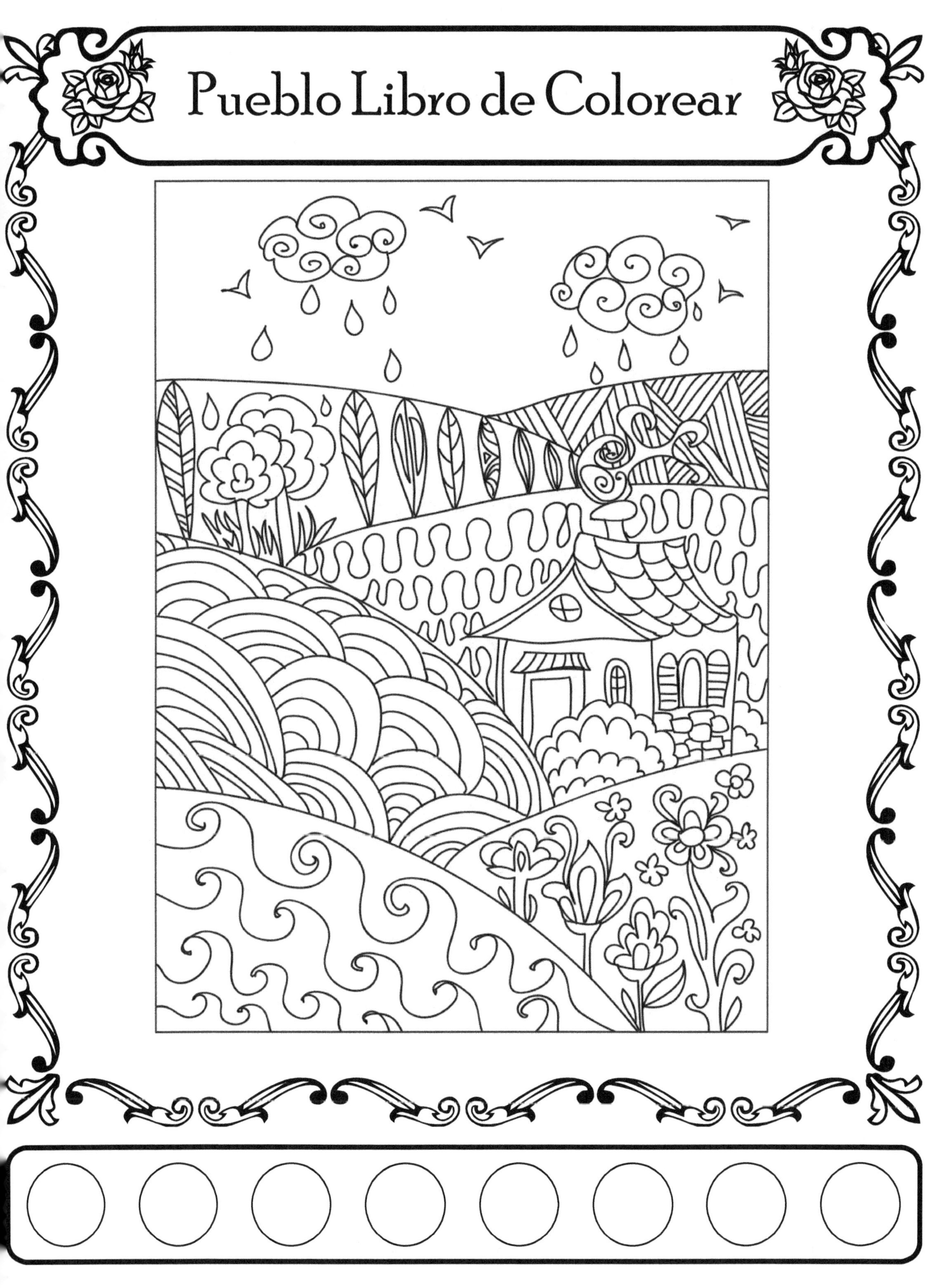
Pueblo Libro de Colorear

Pueblo Libro de Colorear

Pueblo Libro de Colorear

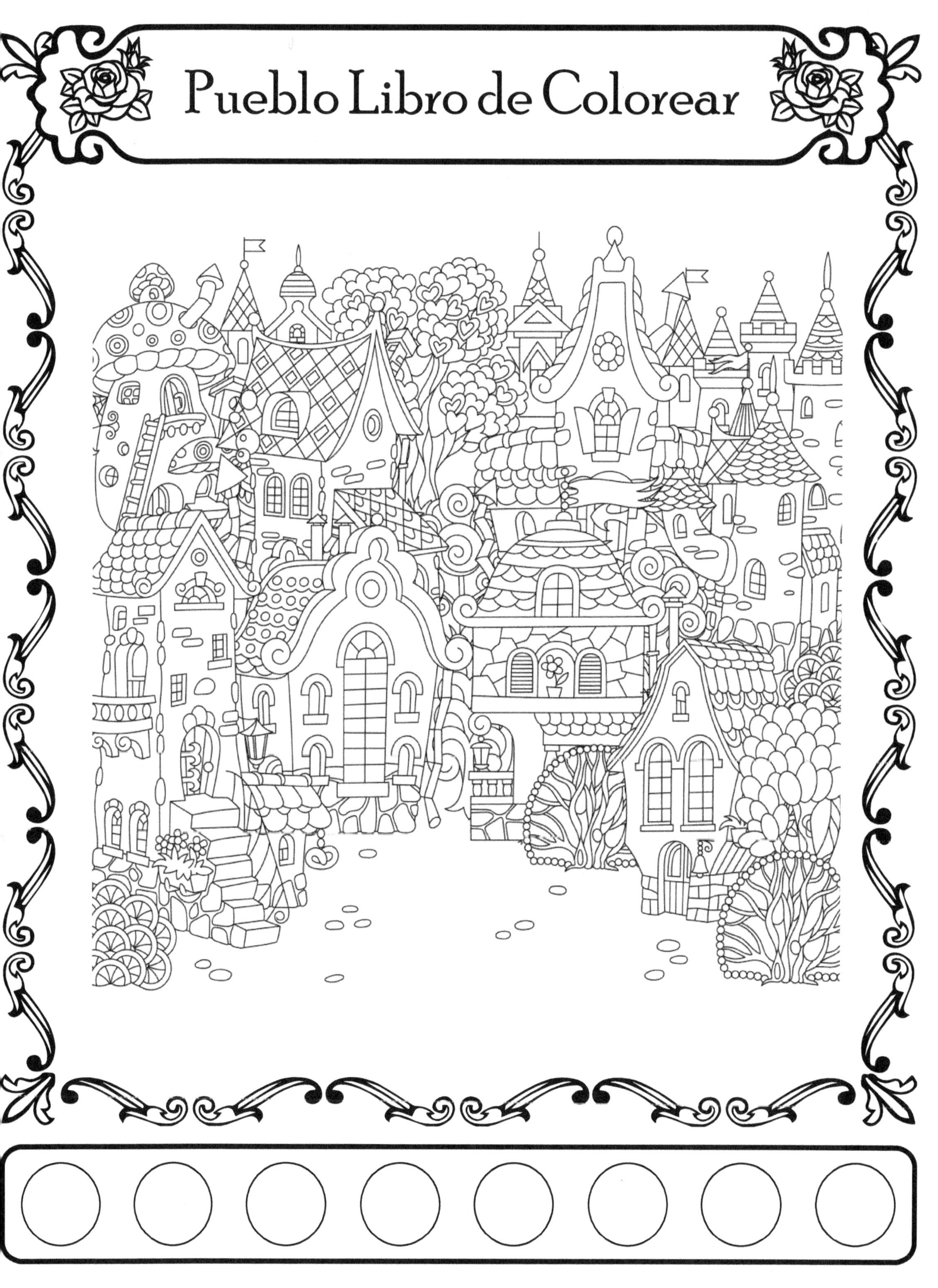

Pueblo Libro de Colorear

Pueblo Libro de Colorear

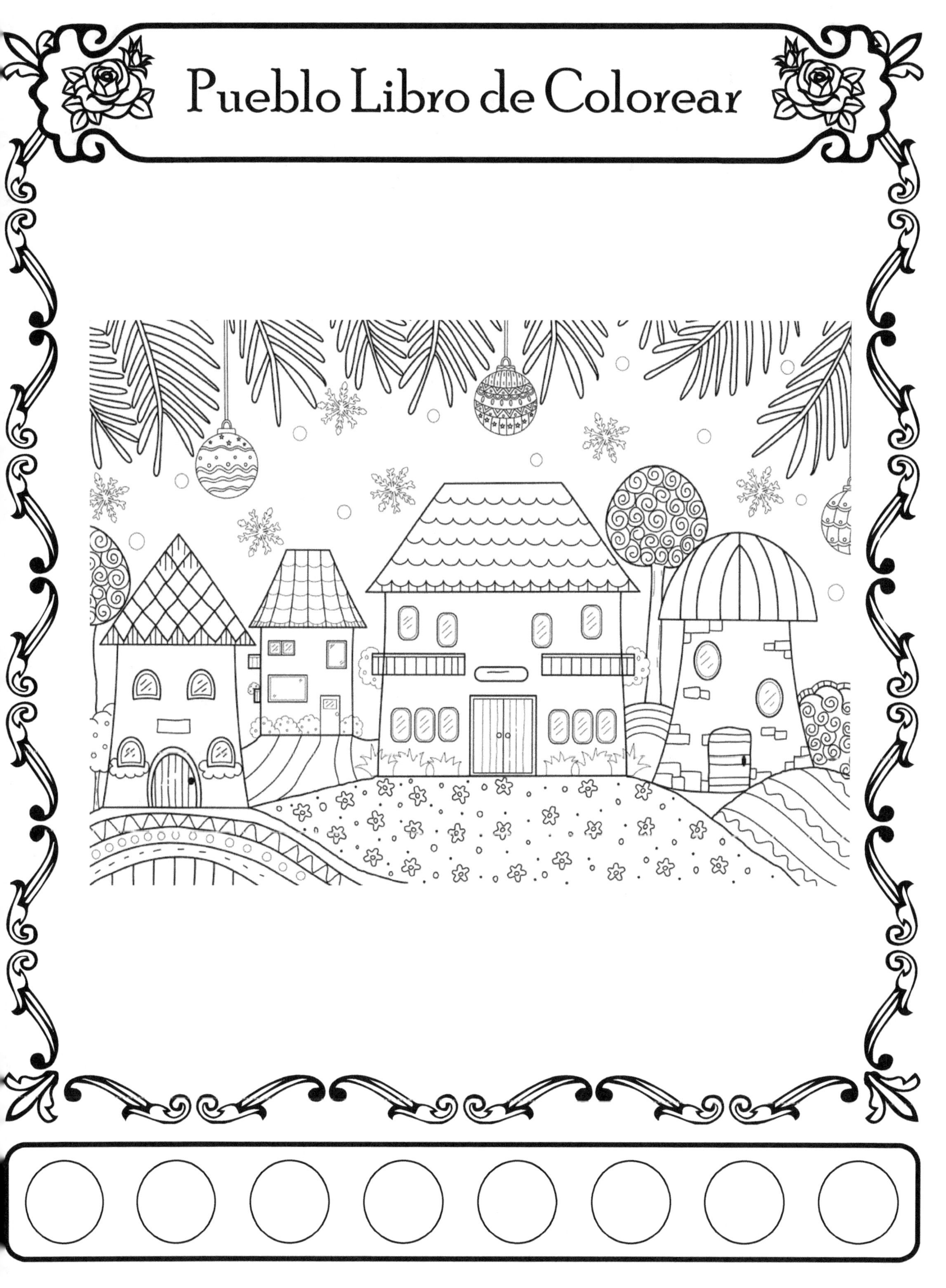

Pueblo Libro de Colorear

Pueblo Libro de Colorear

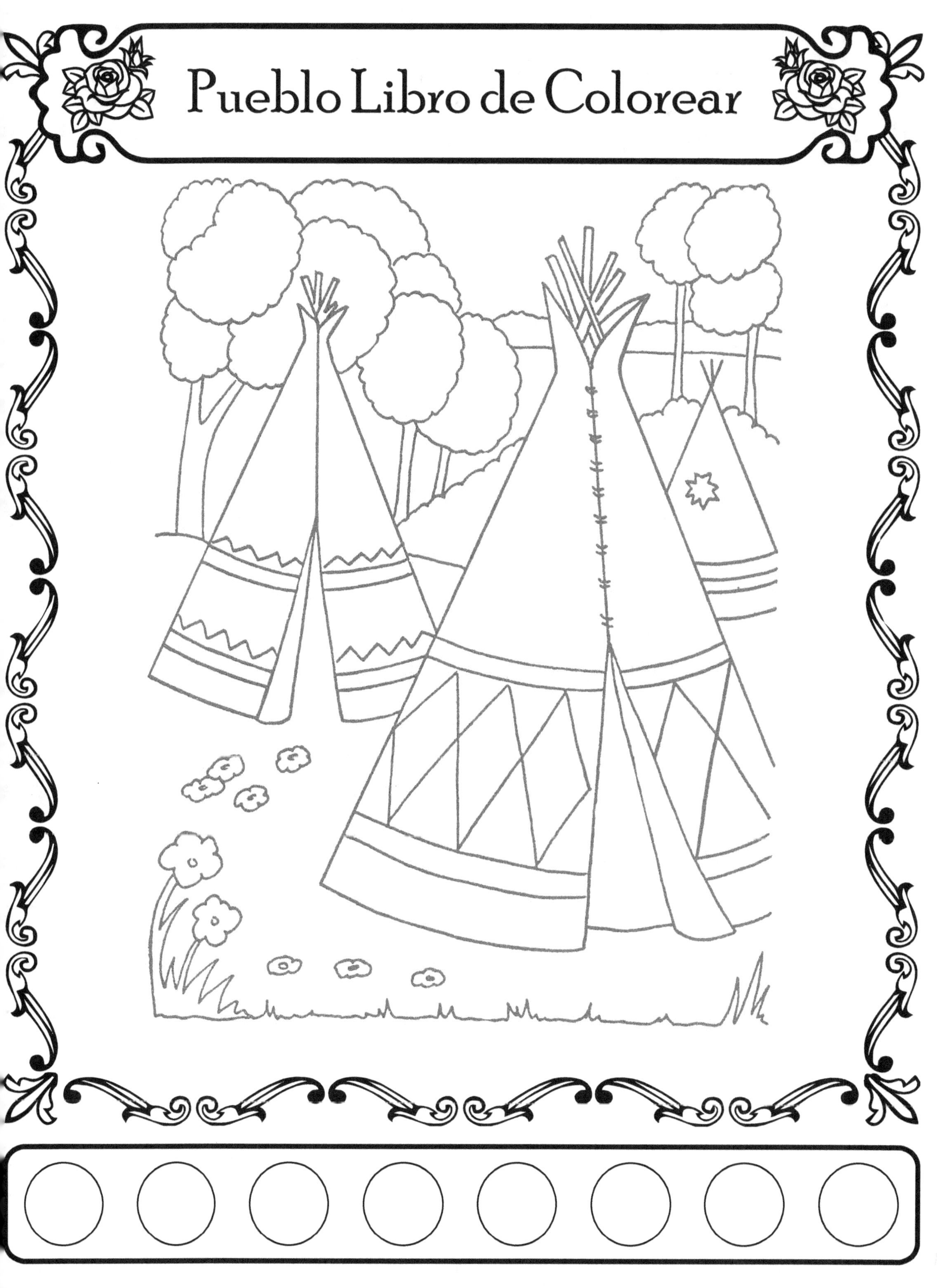

Pueblo Libro de Colorear

Pueblo Libro de Colorear

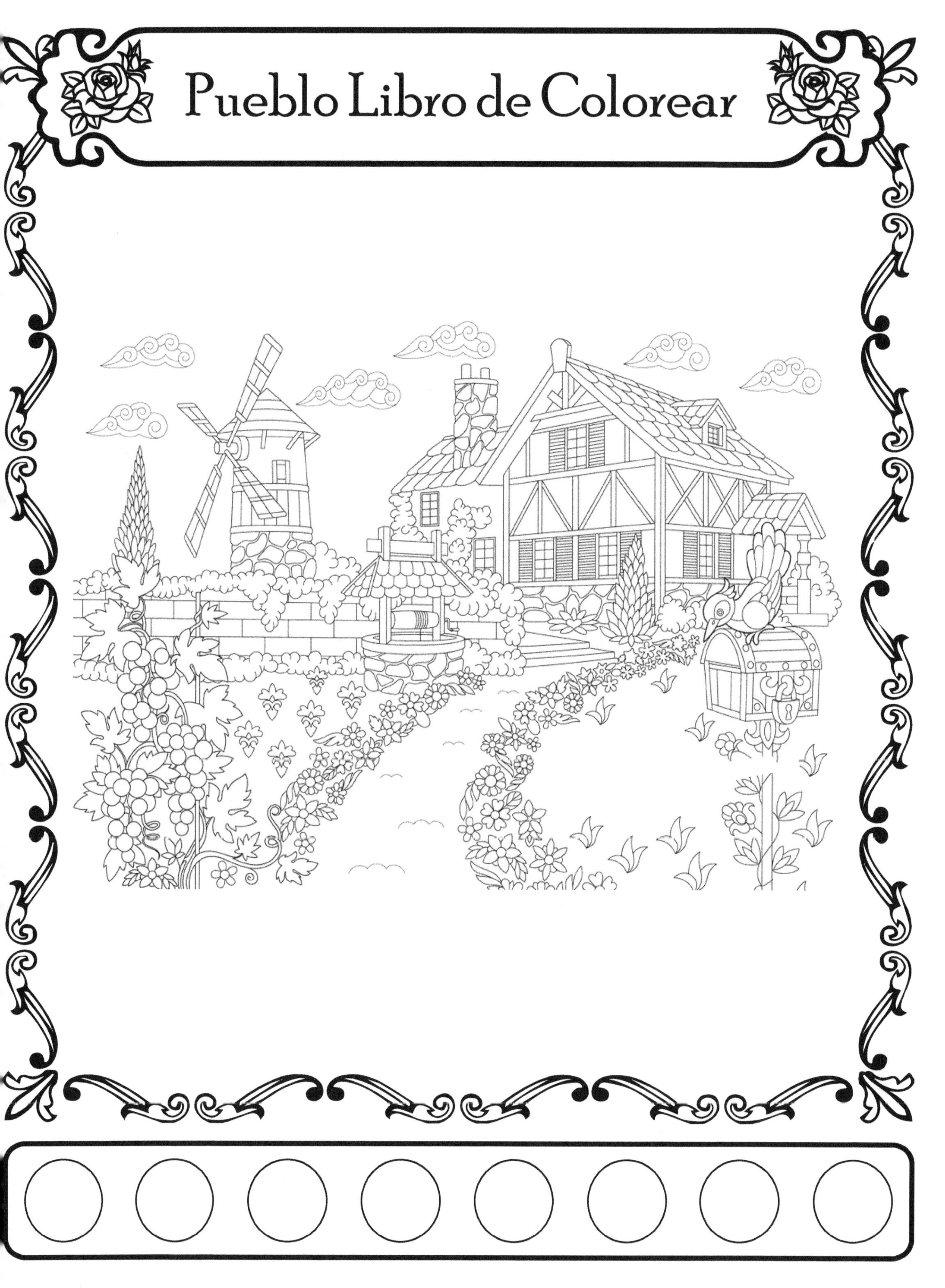

Pueblo Libro de Colorear

Pueblo Libro de Colorear

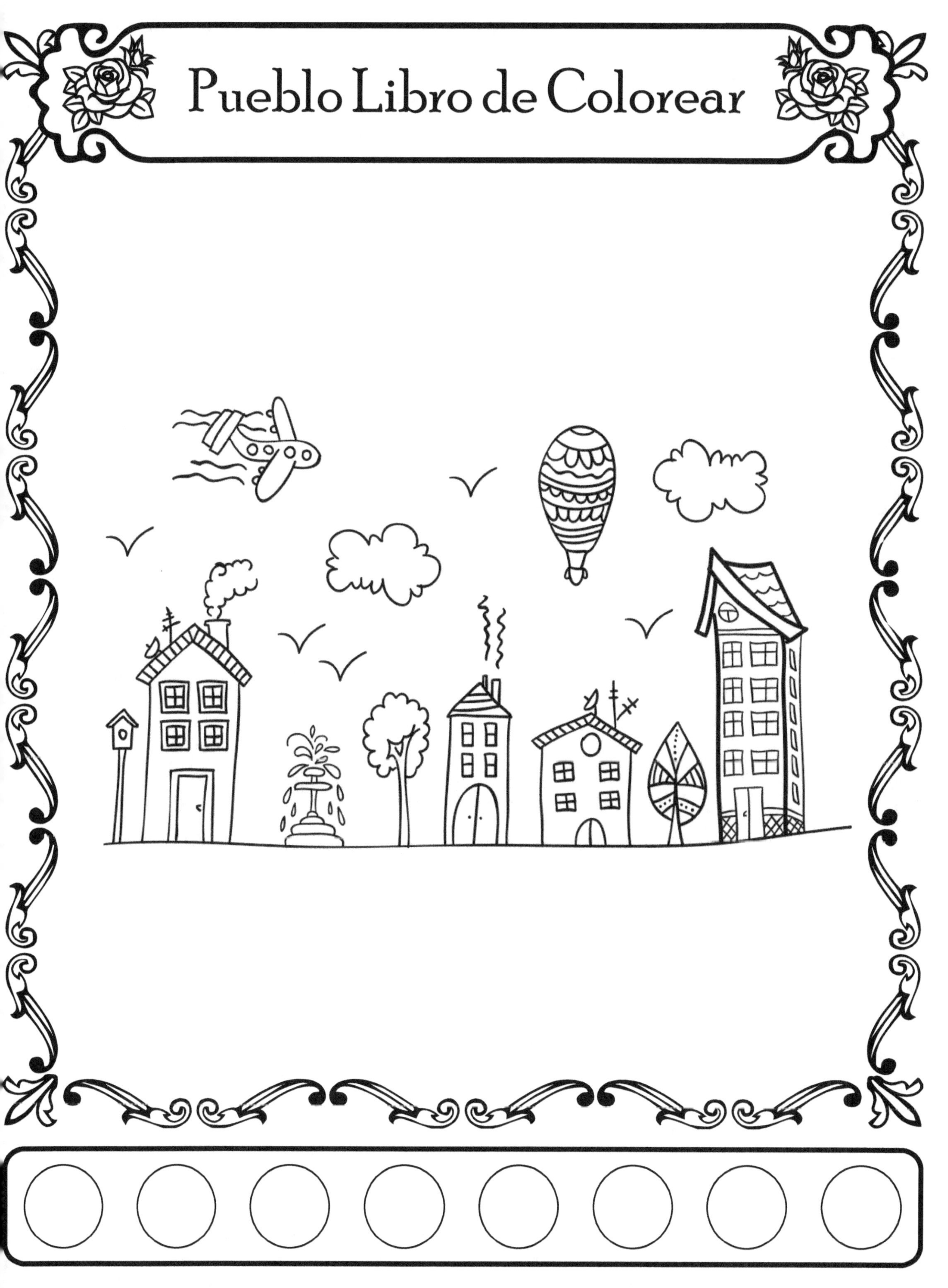

Pueblo Libro de Colorear

Pueblo Libro de Colorear

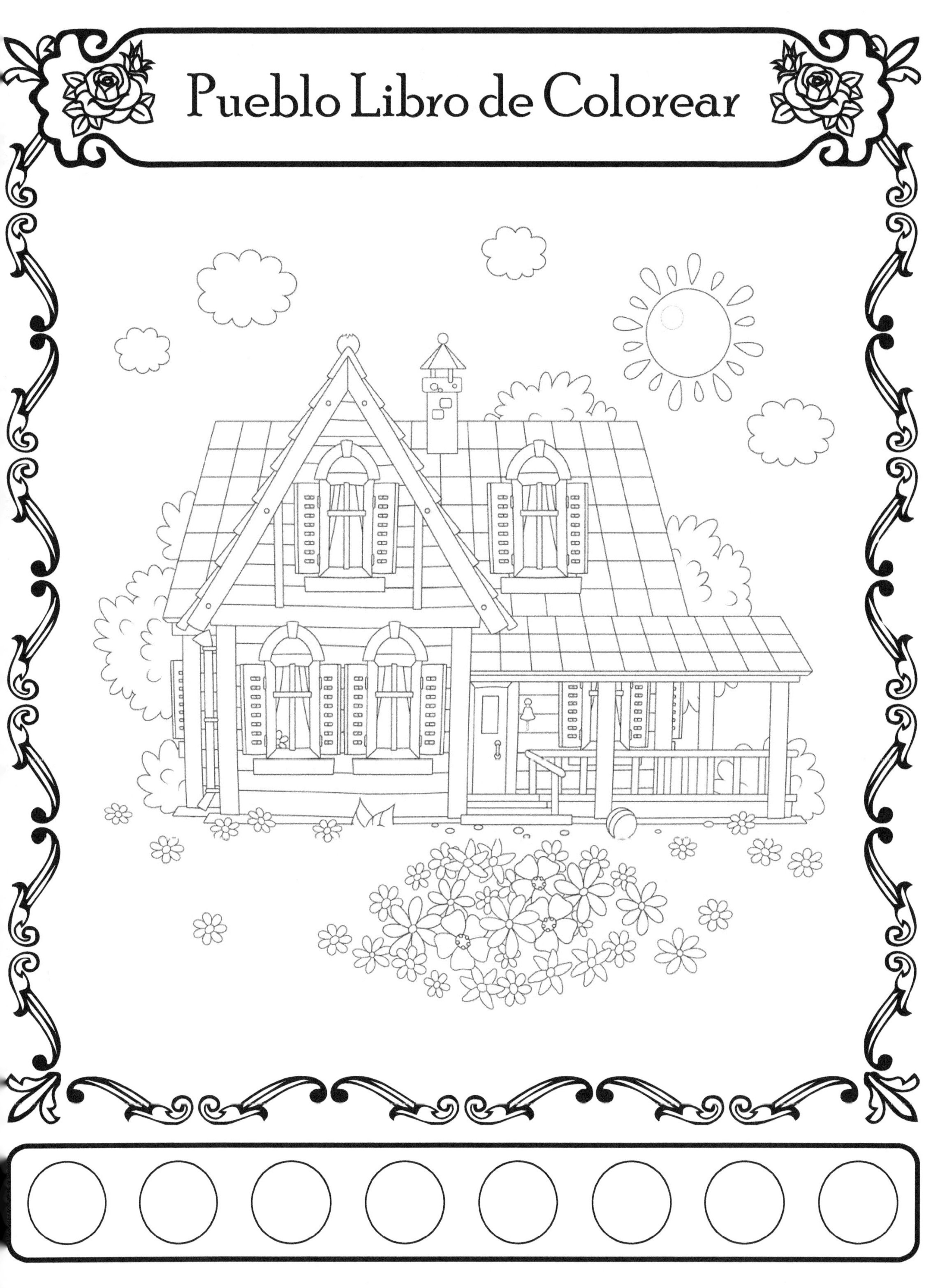

Pueblo Libro de Colorear

Pueblo Libro de Colorear

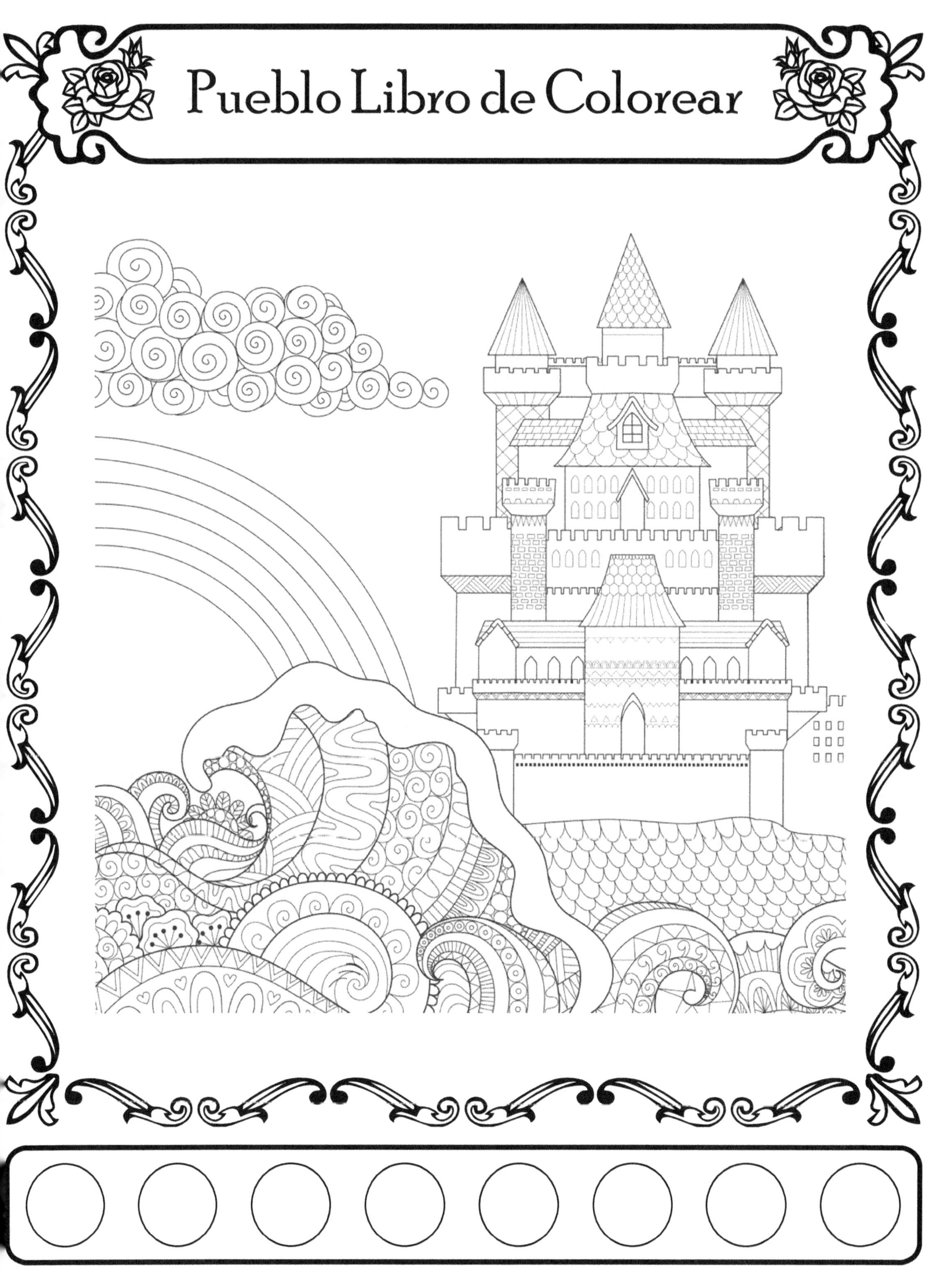

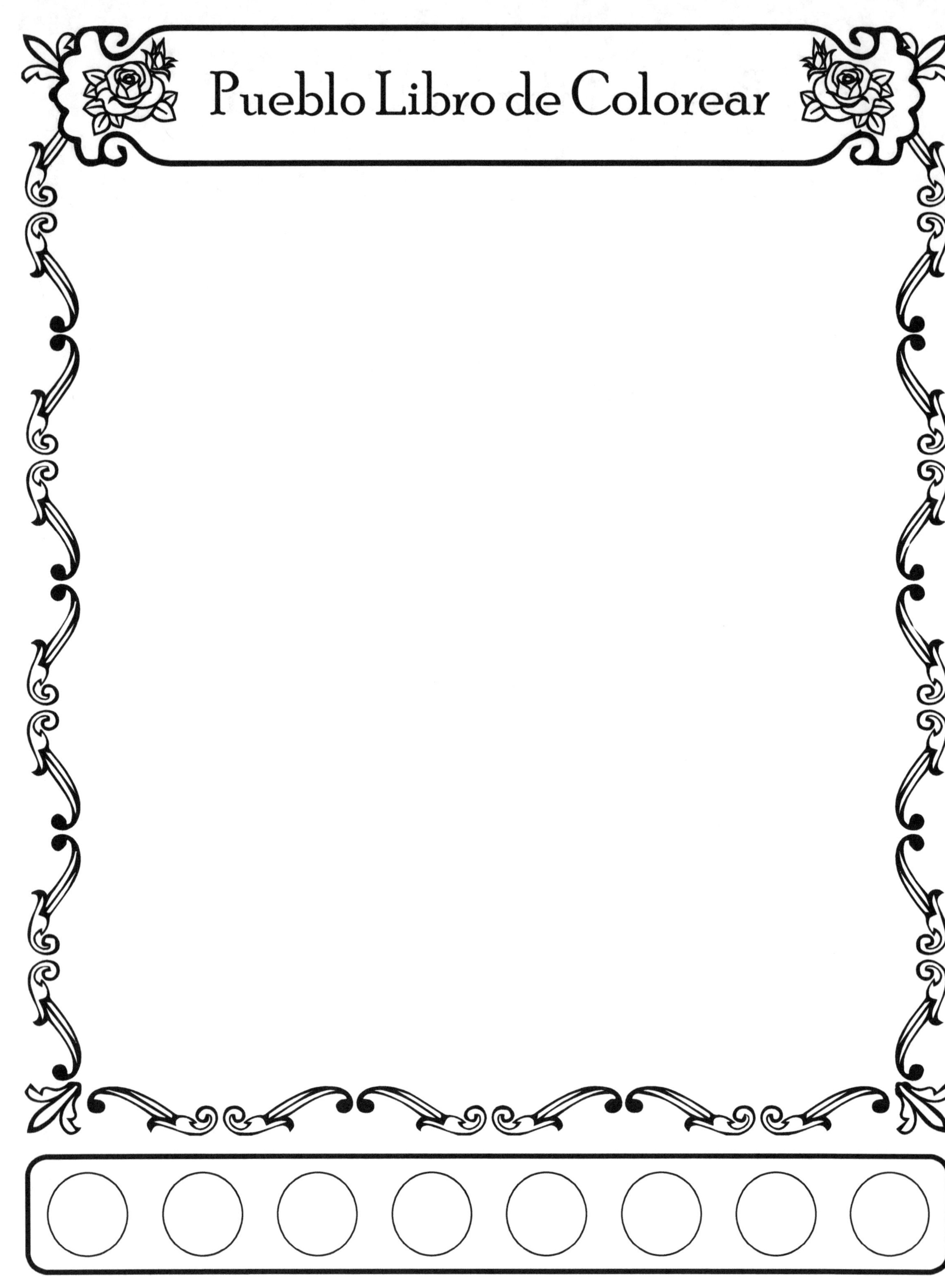

Pueblo Libro de Colorear

Pueblo Libro de Colorear

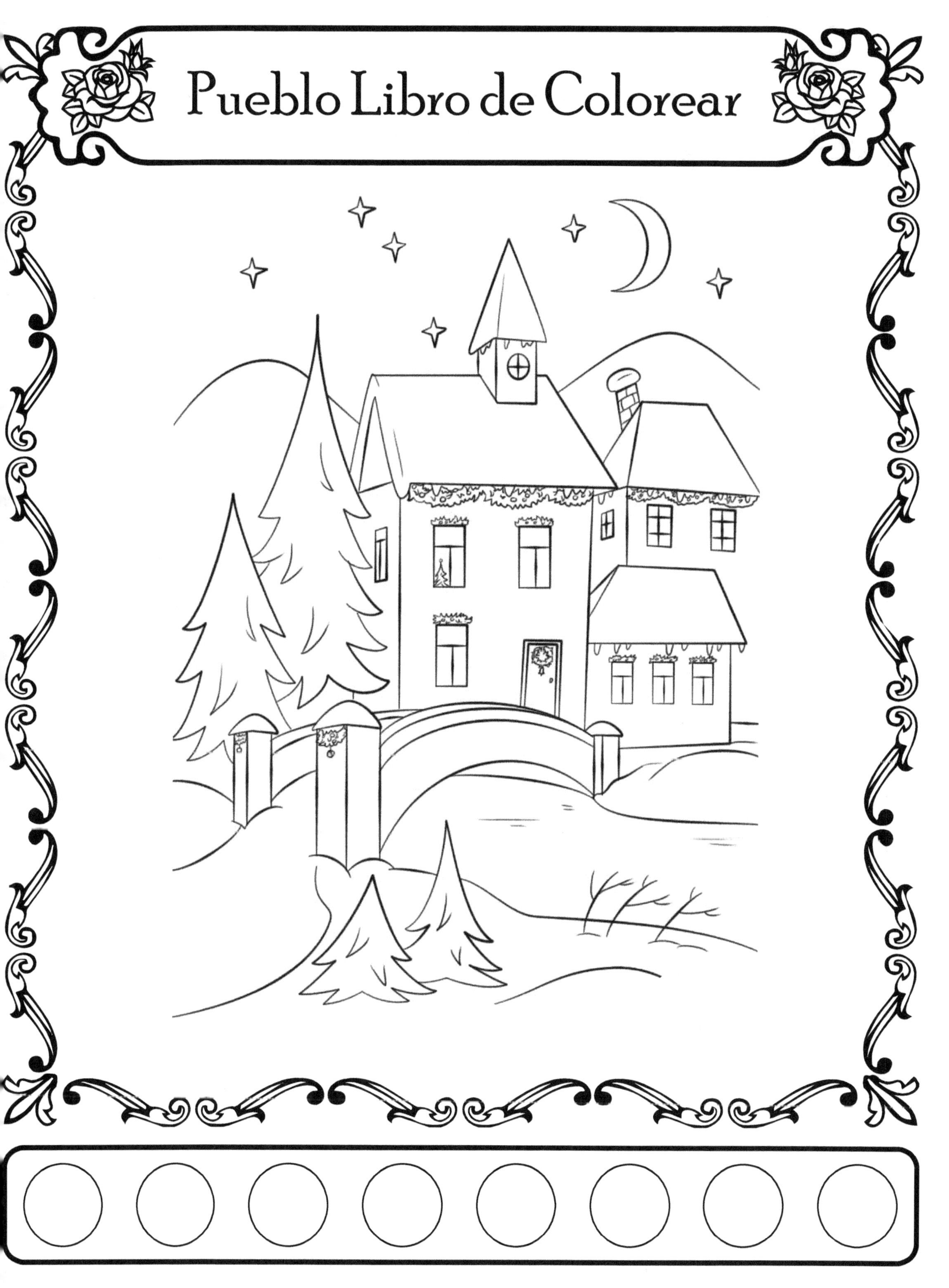

Pueblo Libro de Colorear

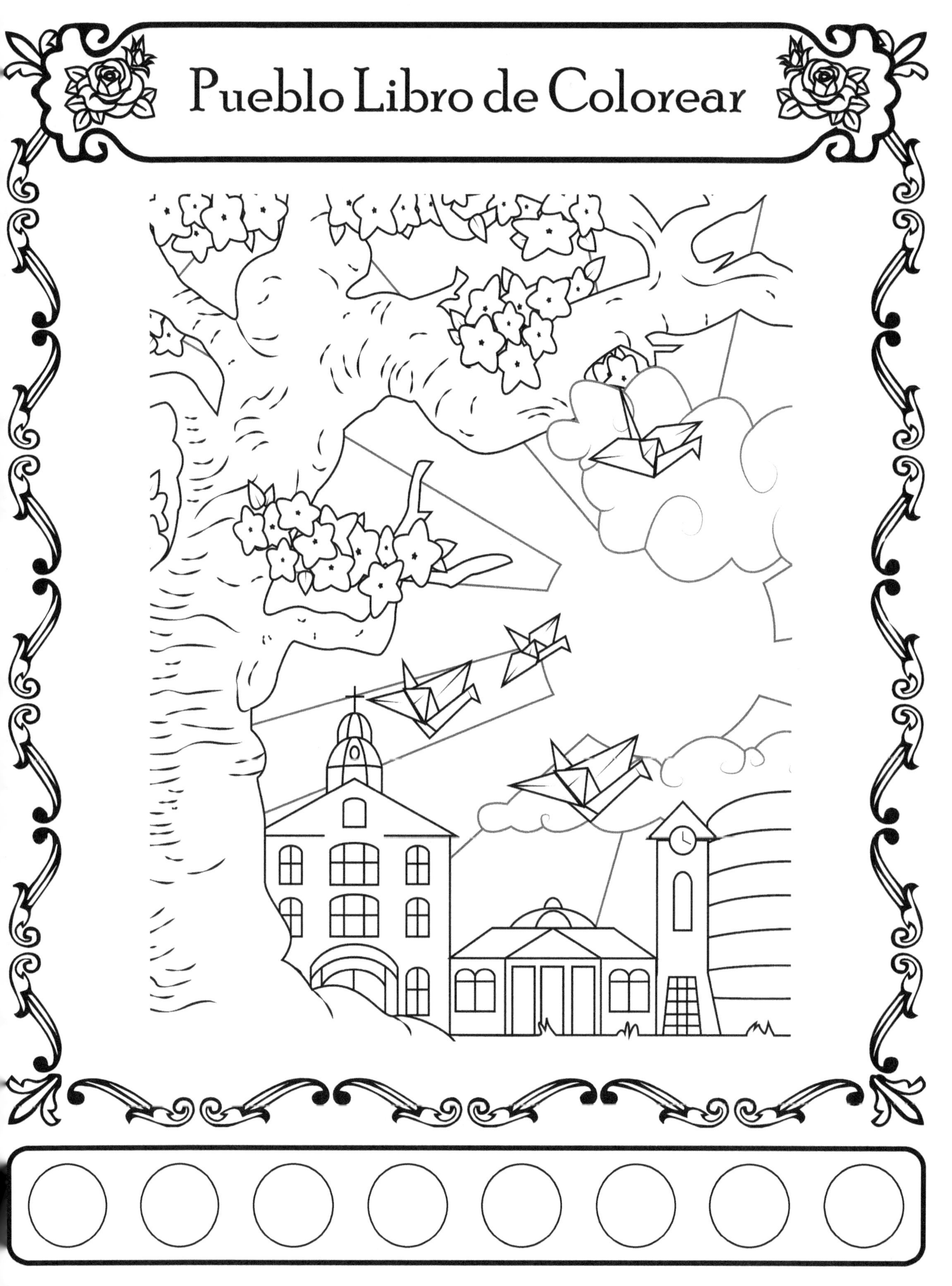
Pueblo Libro de Colorear

Pueblo Libro de Colorear

Pueblo Libro de Colorear

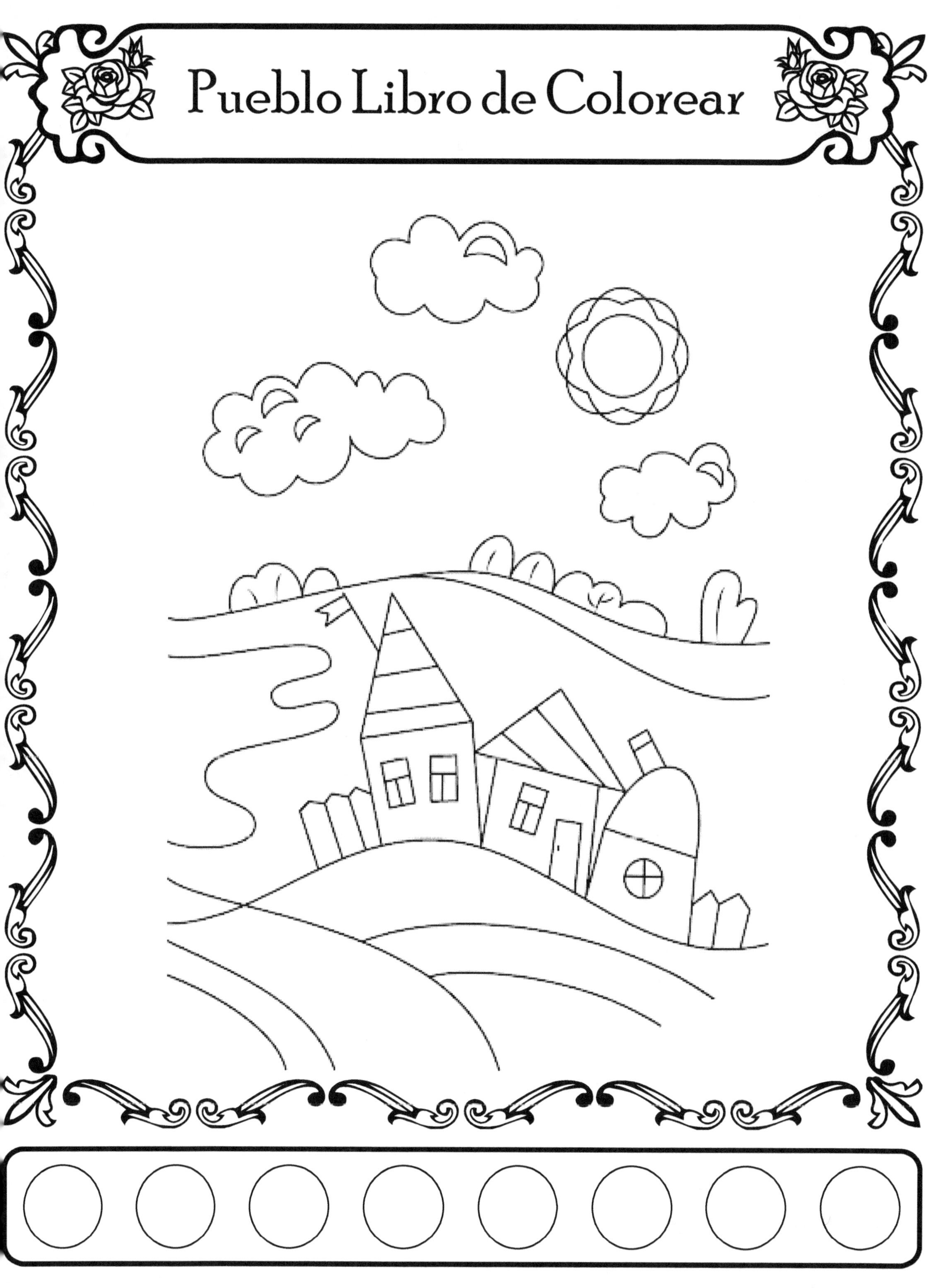

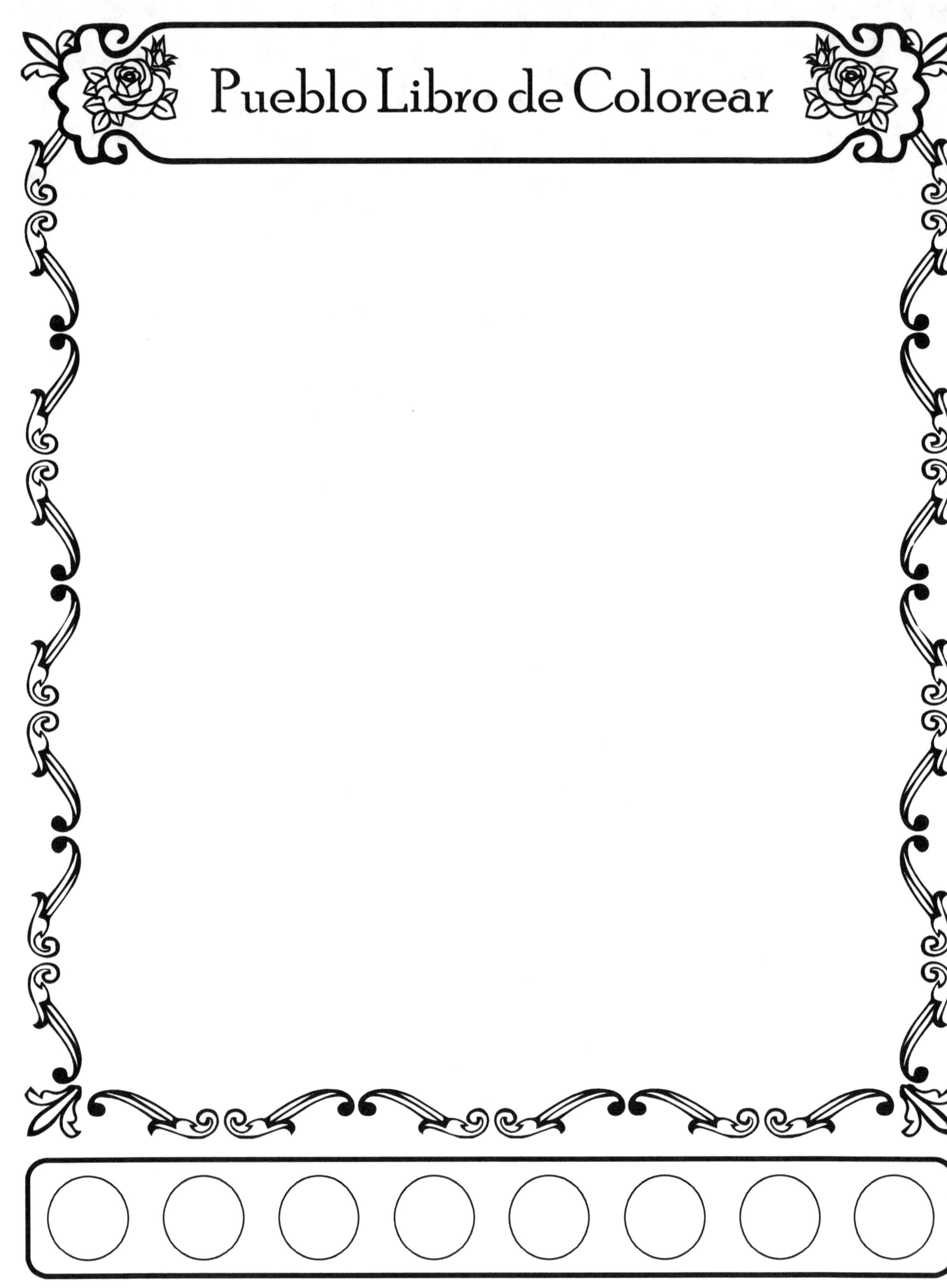

Pueblo Libro de Colorear

Pueblo Libro de Colorear

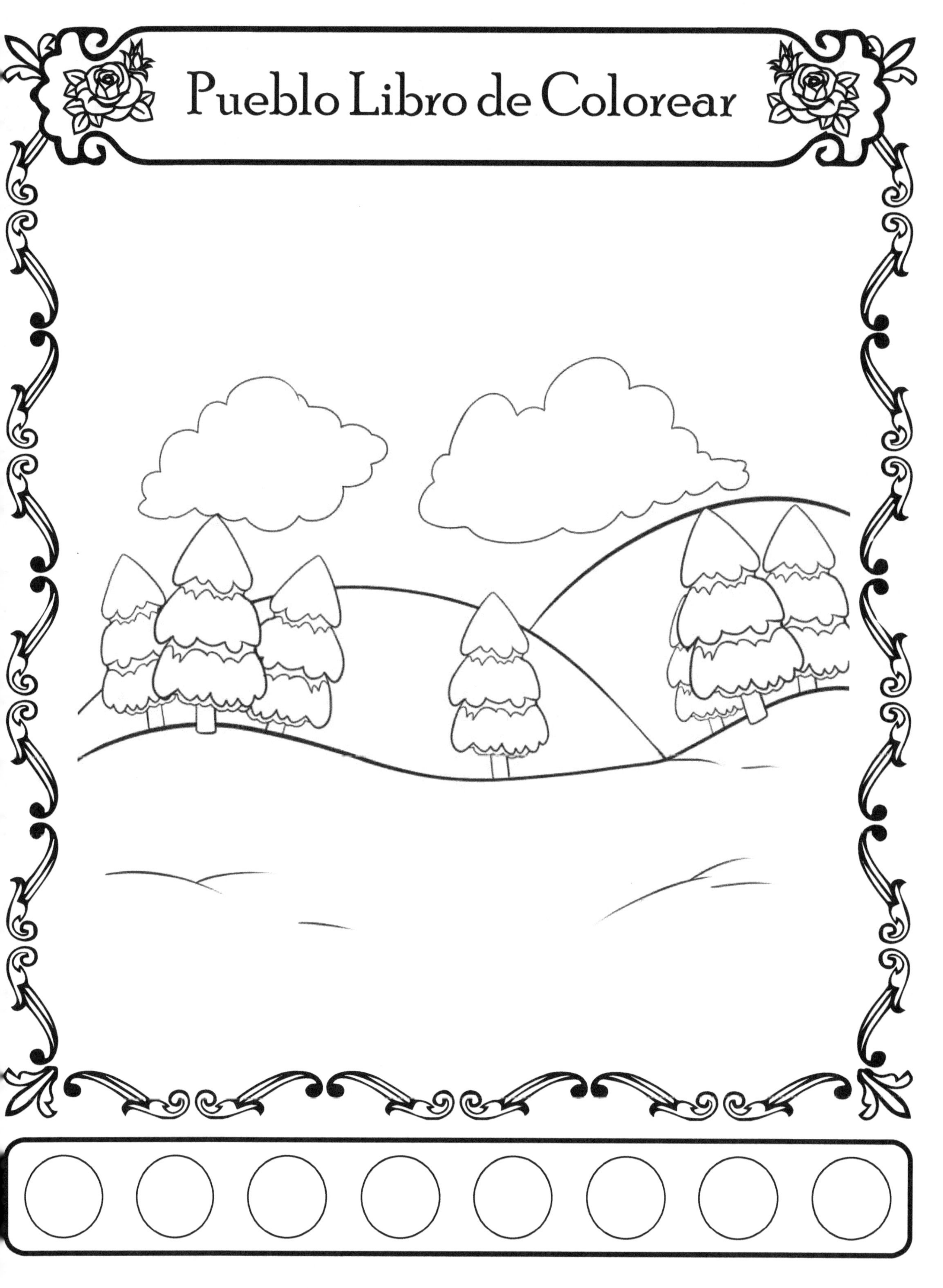

Pueblo Libro de Colorear

Pueblo Libro de Colorear

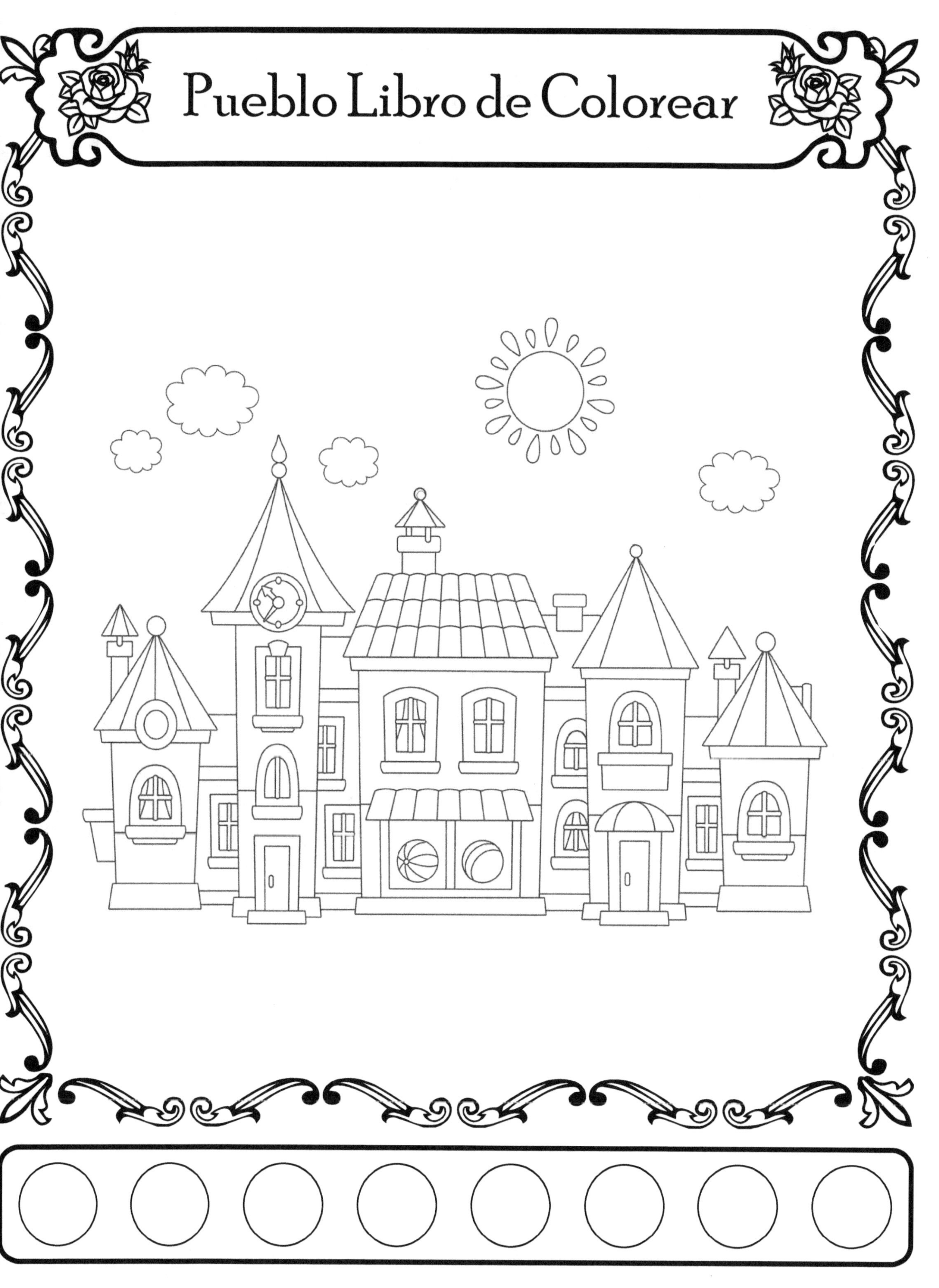

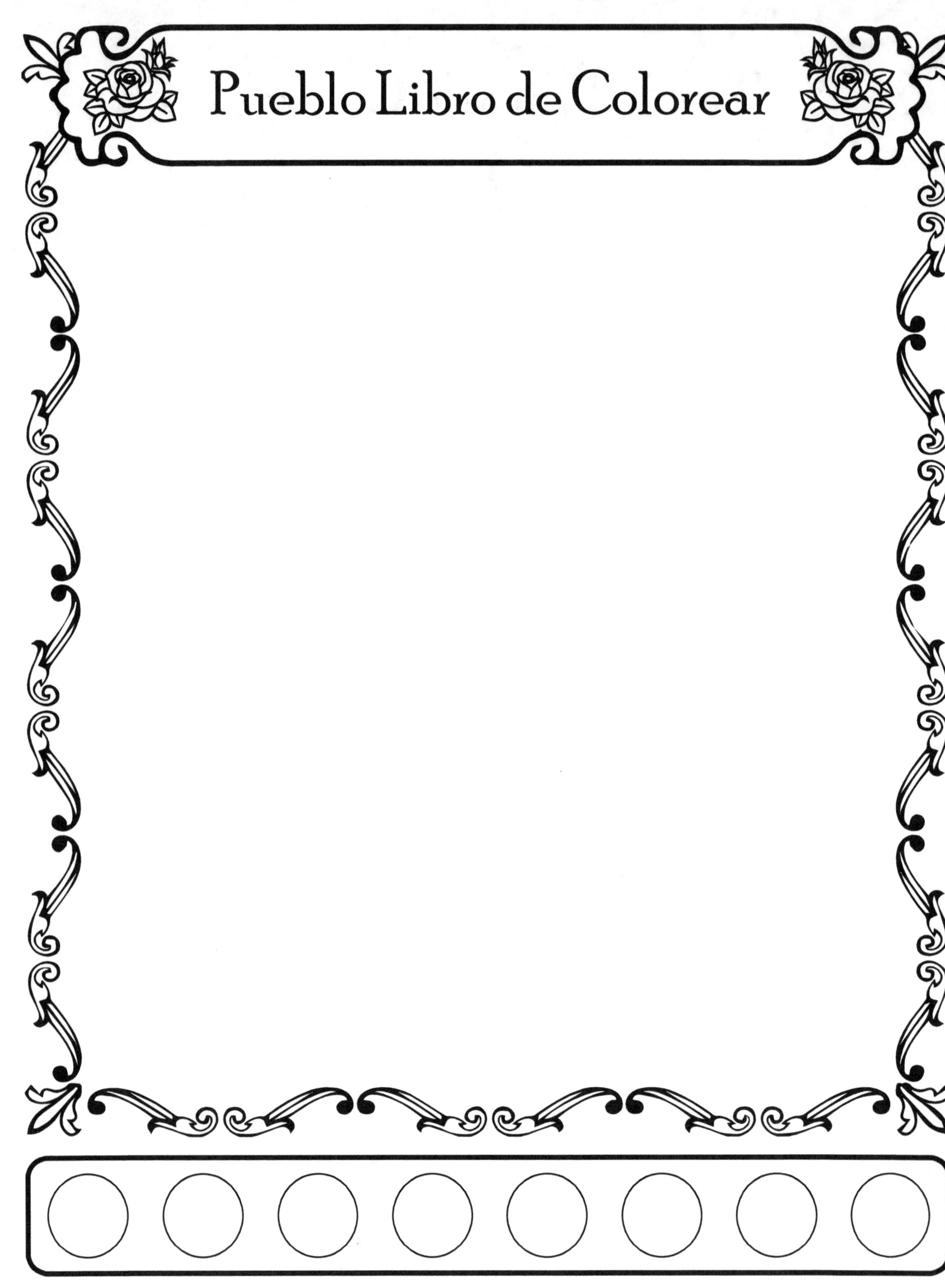

Pueblo Libro de Colorear

Pueblo Libro de Colorear

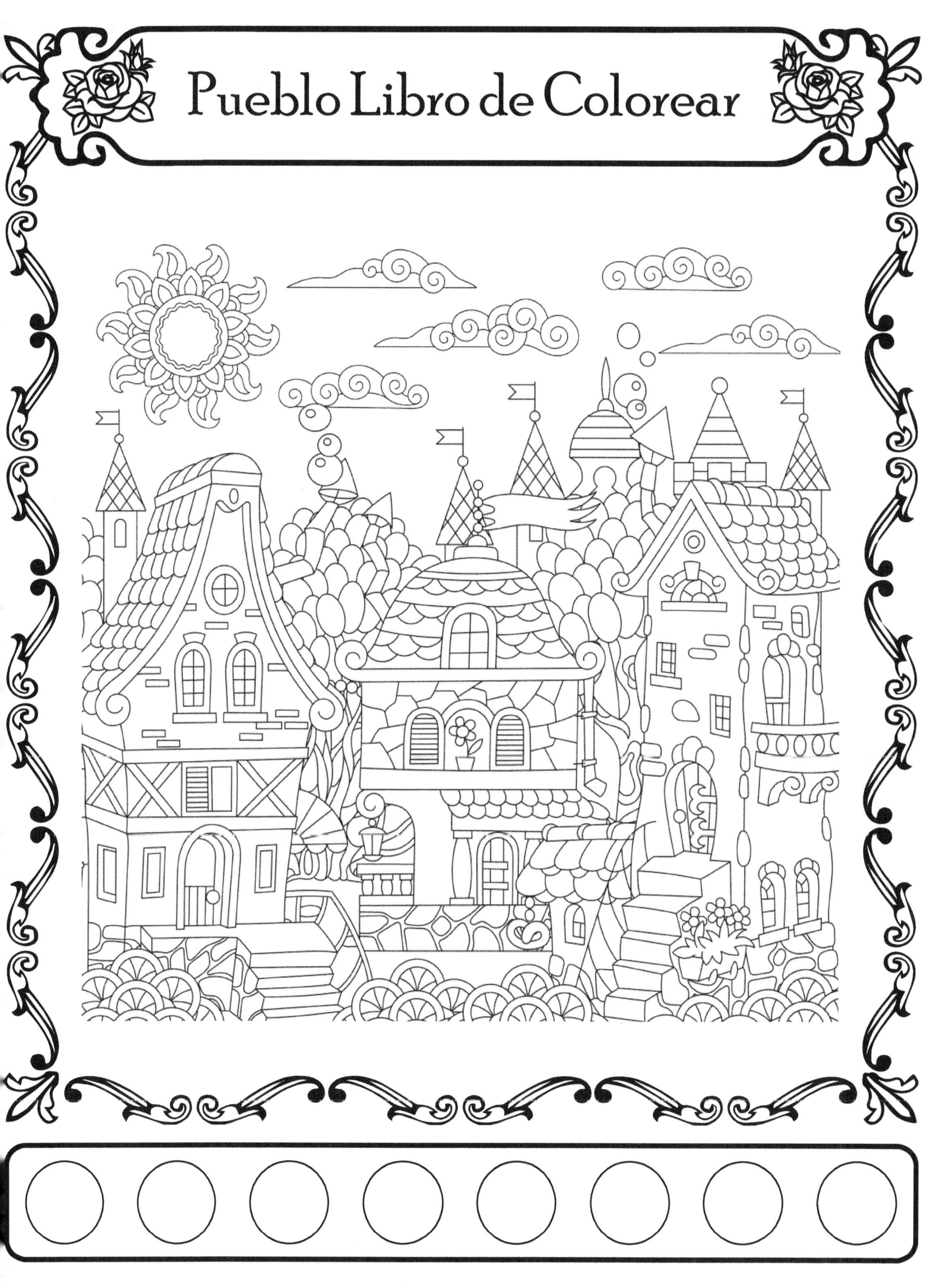

Pueblo Libro de Colorear

Pueblo Libro de Colorear

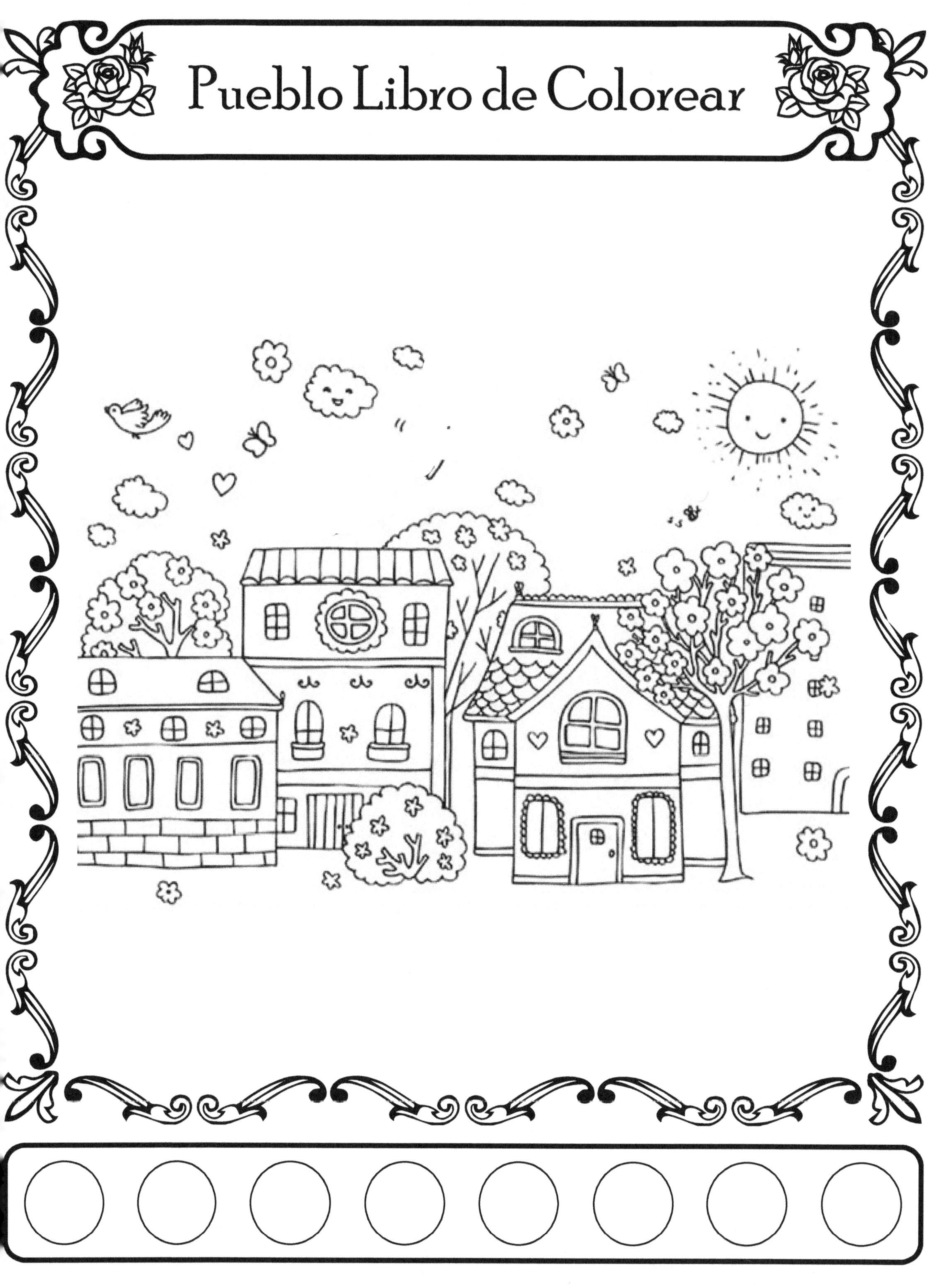

Pueblo Libro de Colorear

Pueblo Libro de Colorear

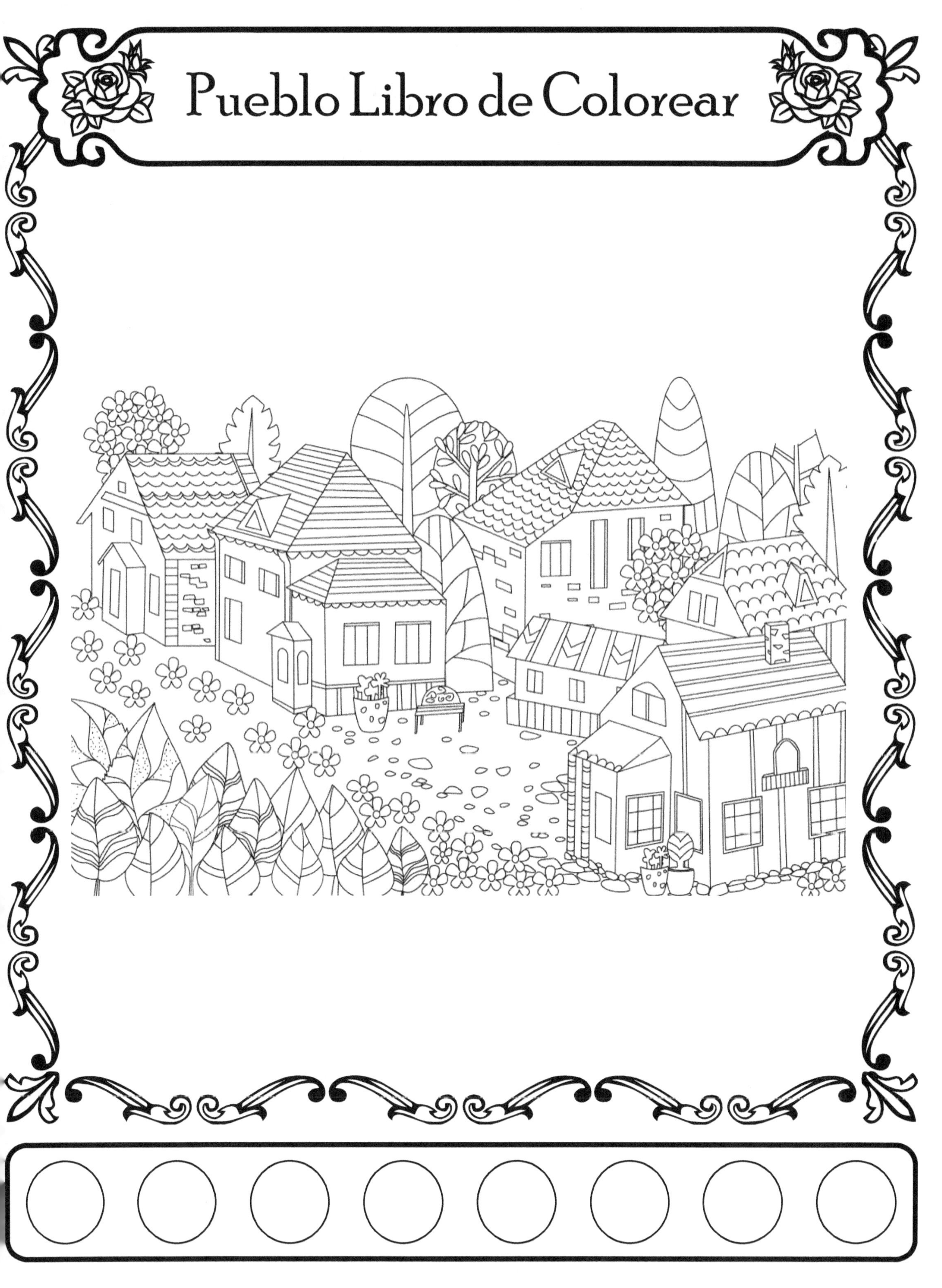

Pueblo Libro de Colorear

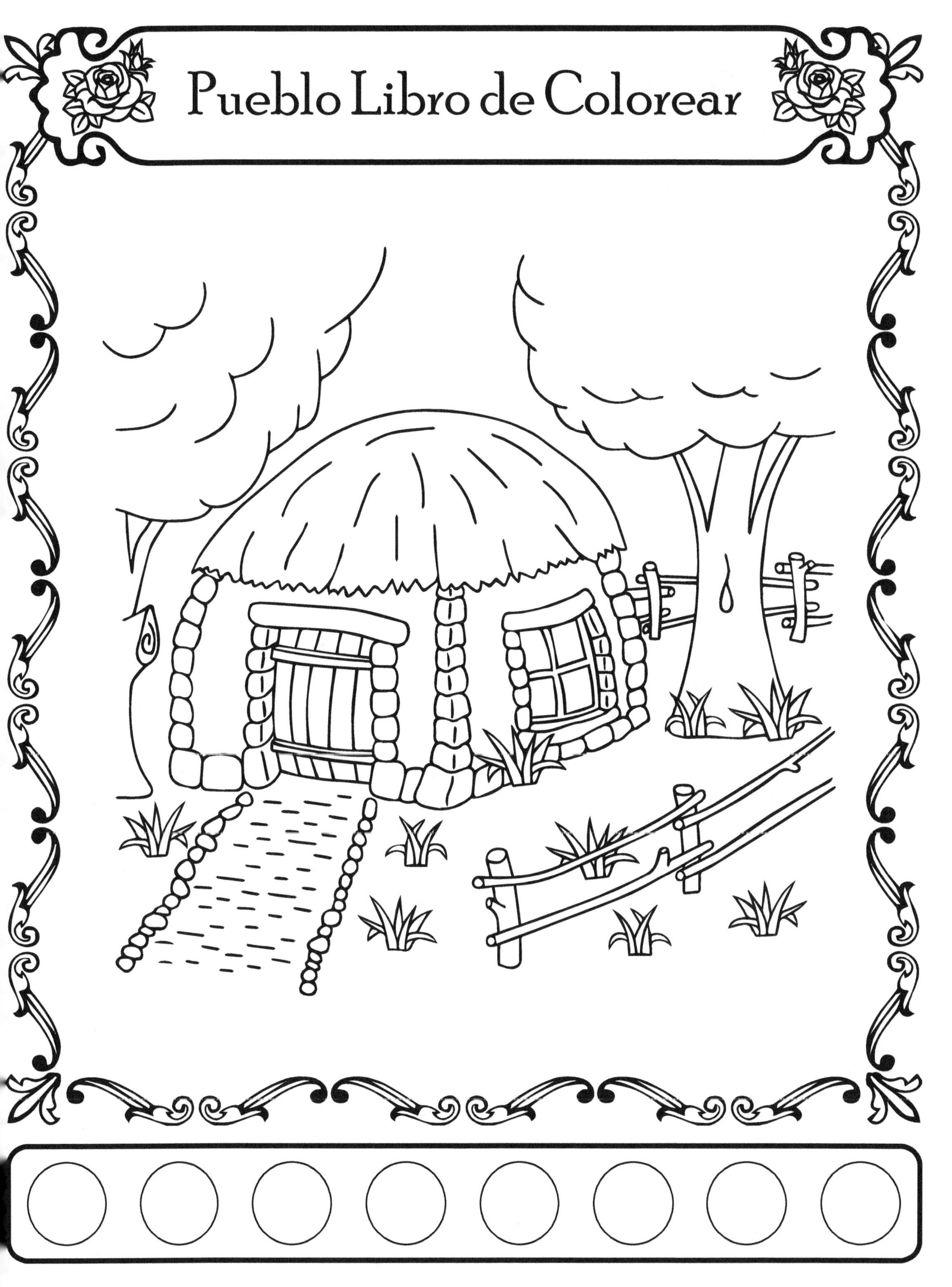

Pueblo Libro de Colorear

Pueblo Libro de Colorear

Pueblo Libro de Colorear

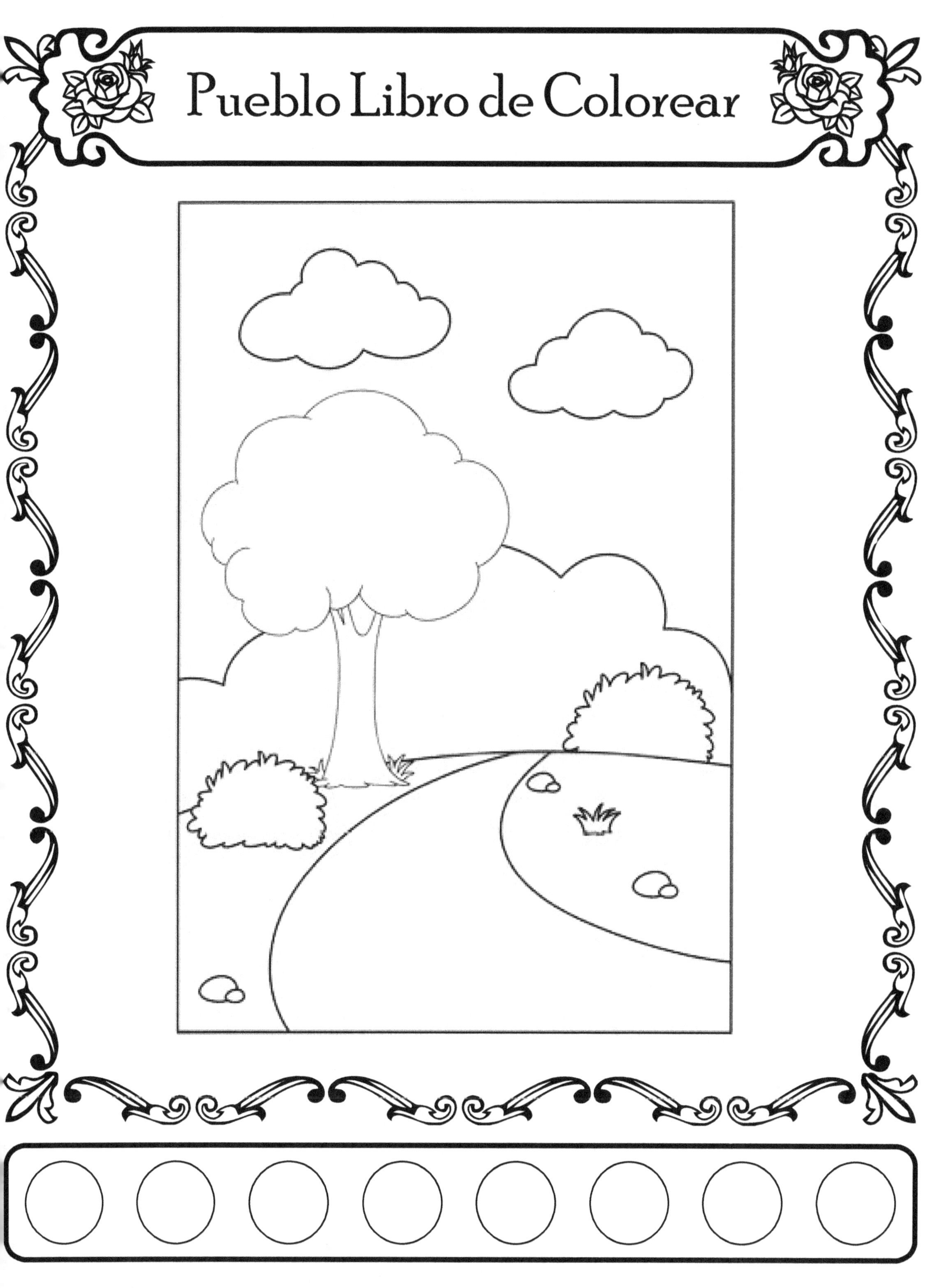

Pueblo Libro de Colorear

Pueblo Libro de Colorear

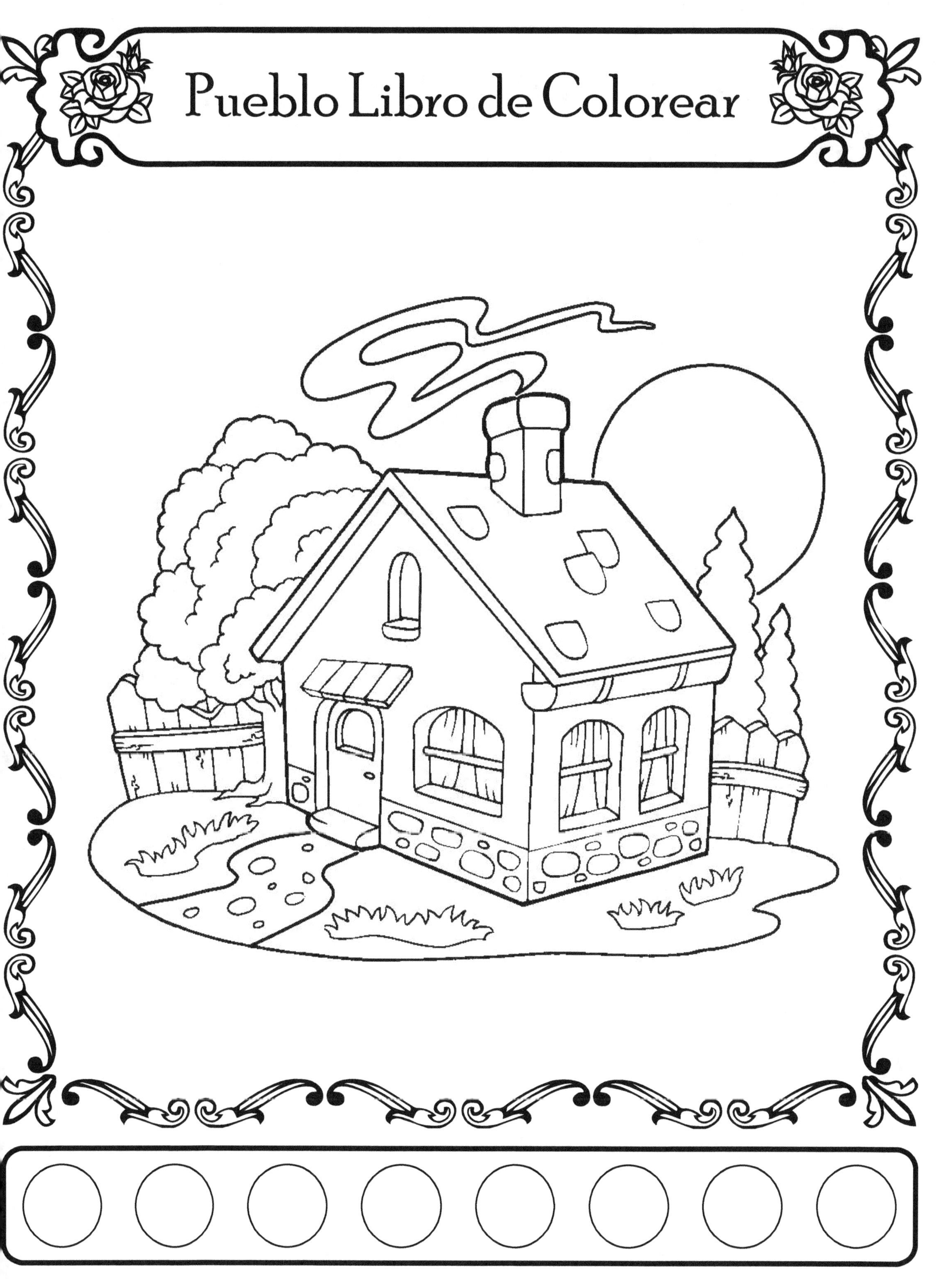

Pueblo Libro de Colorear

Pueblo Libro de Colorear

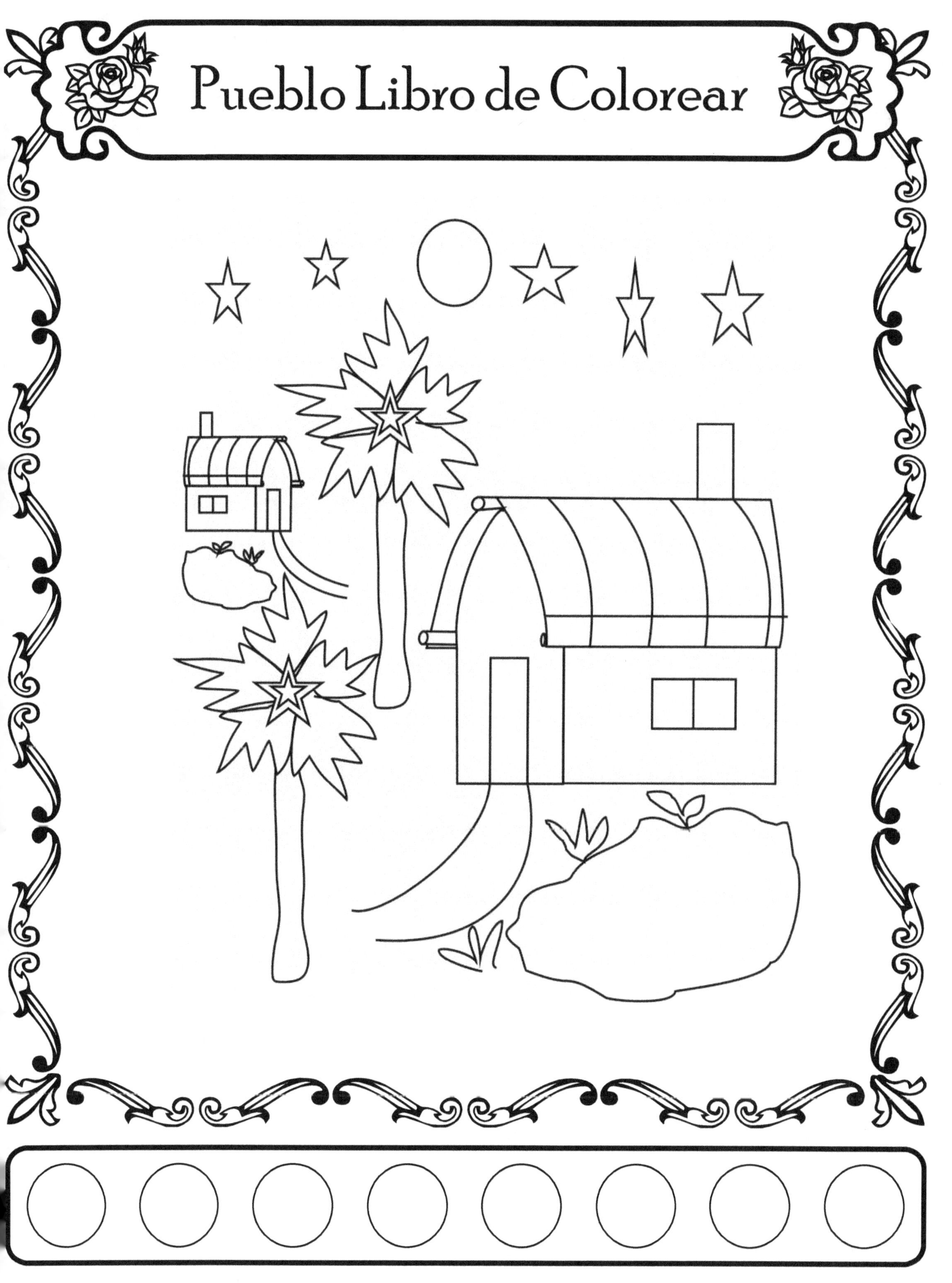

Pueblo Libro de Colorear

Pueblo Libro de Colorear

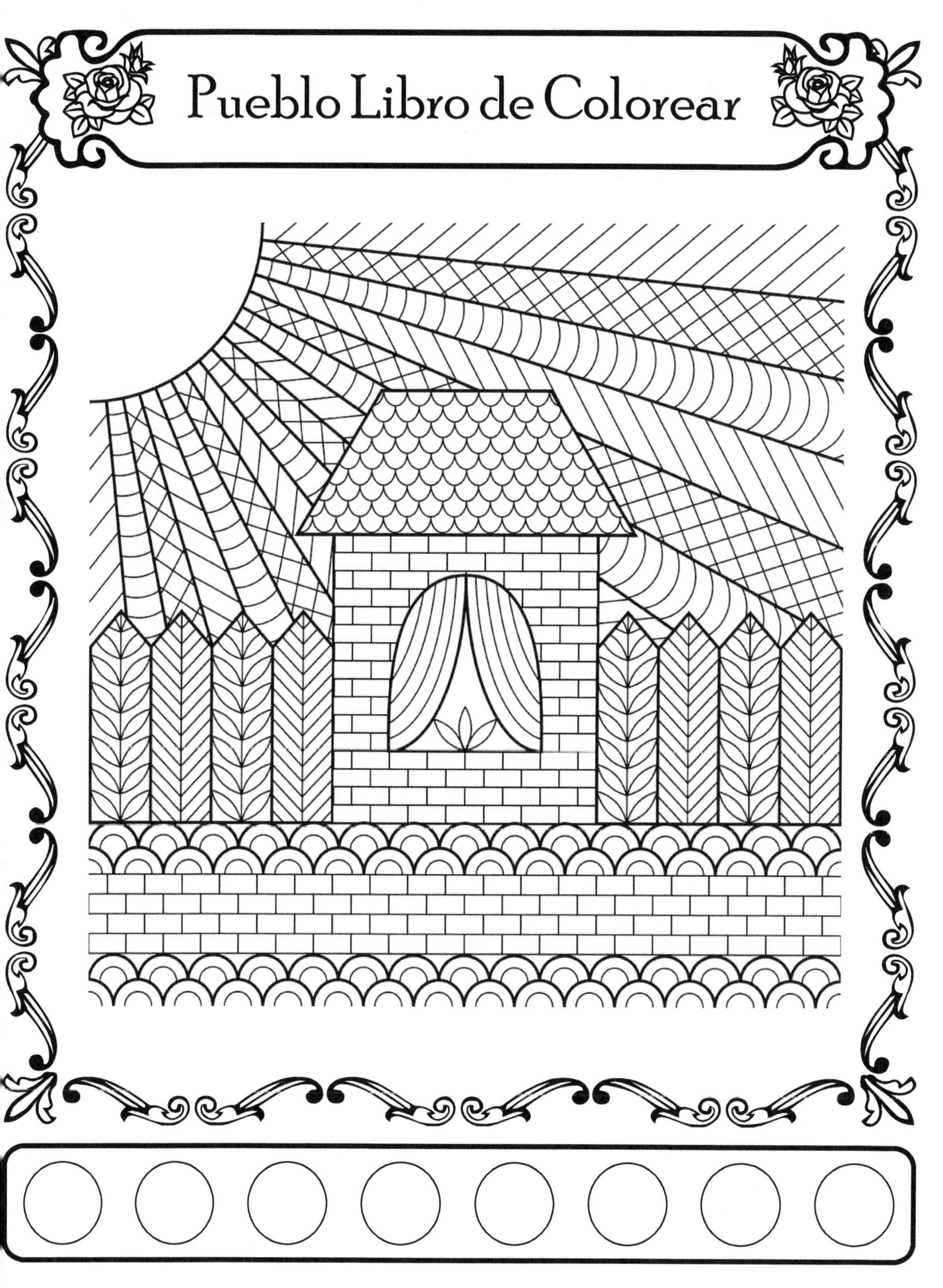

Pueblo Libro de Colorear

Pueblo Libro de Colorear

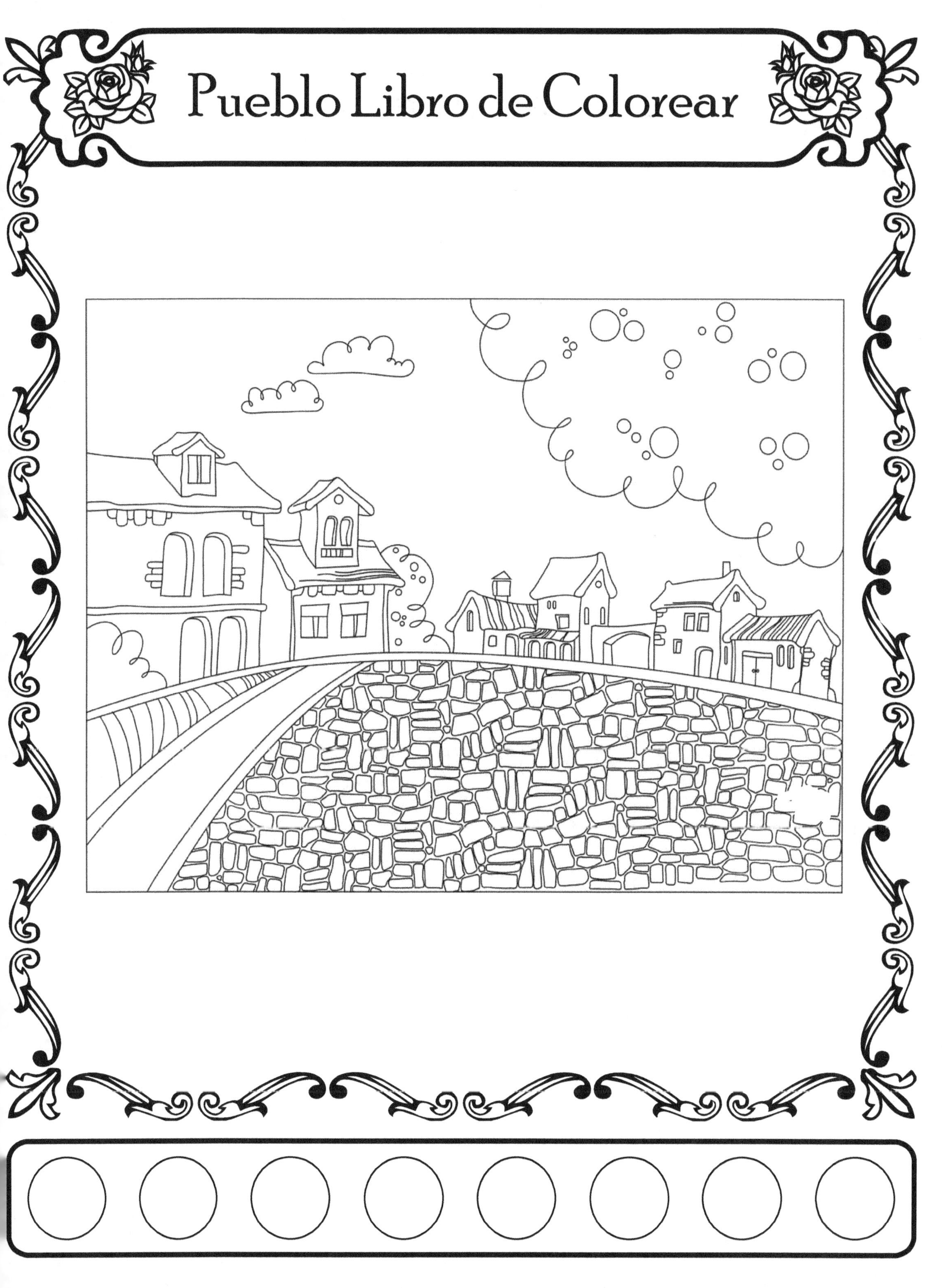

Pueblo Libro de Colorear

Pueblo Libro de Colorear

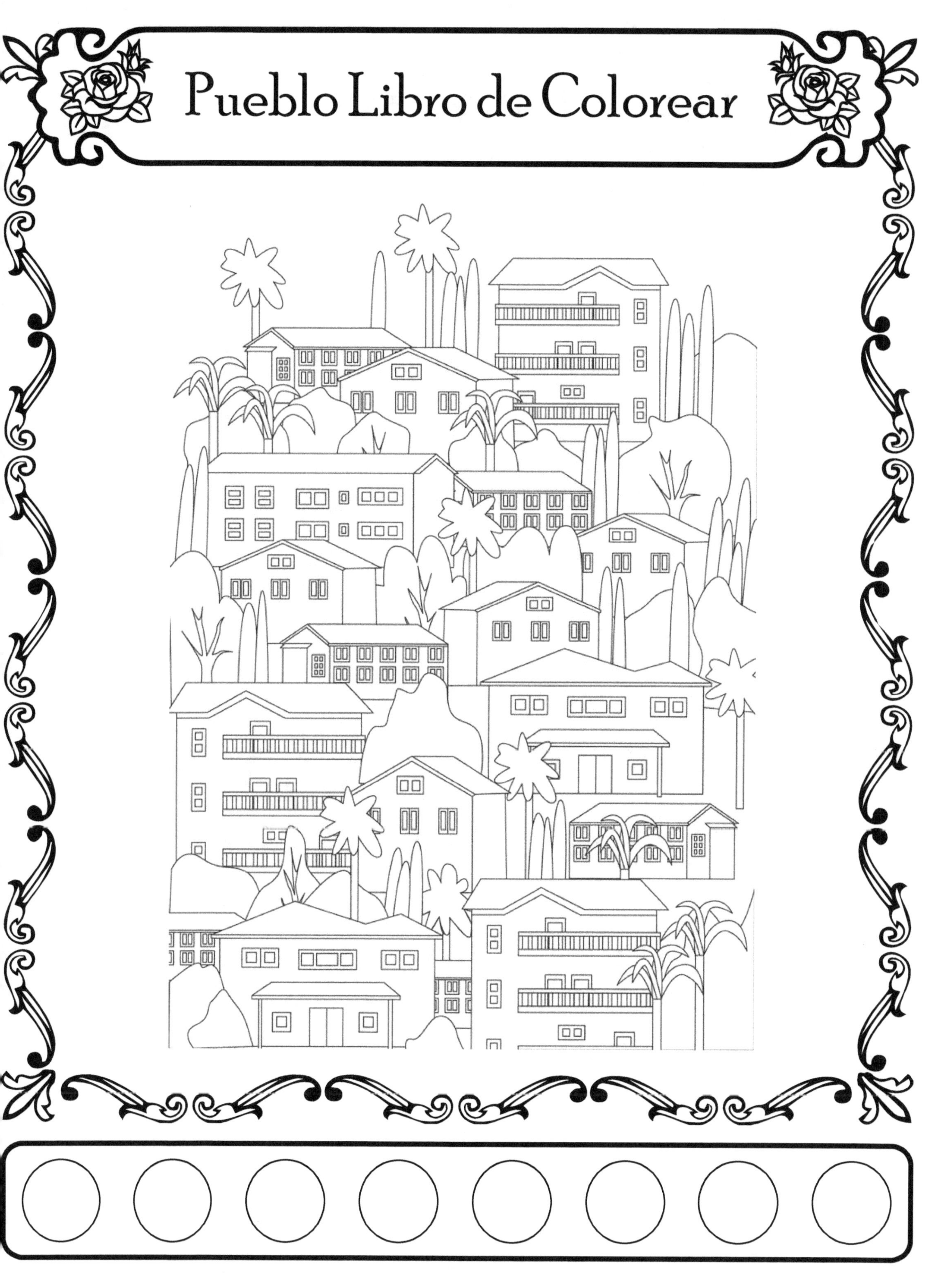

Pueblo Libro de Colorear

Pueblo Libro de Colorear

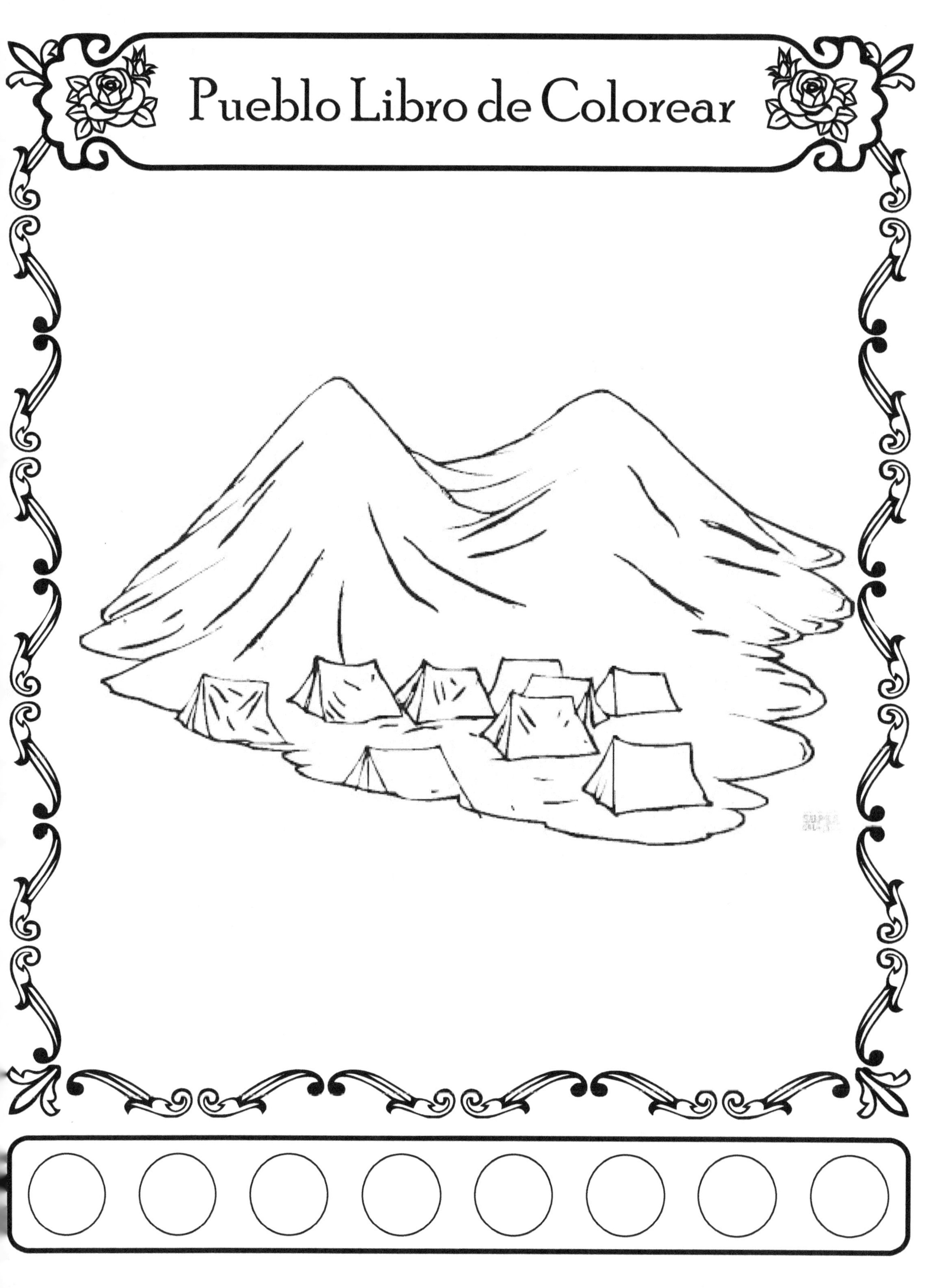

Pueblo Libro de Colorear

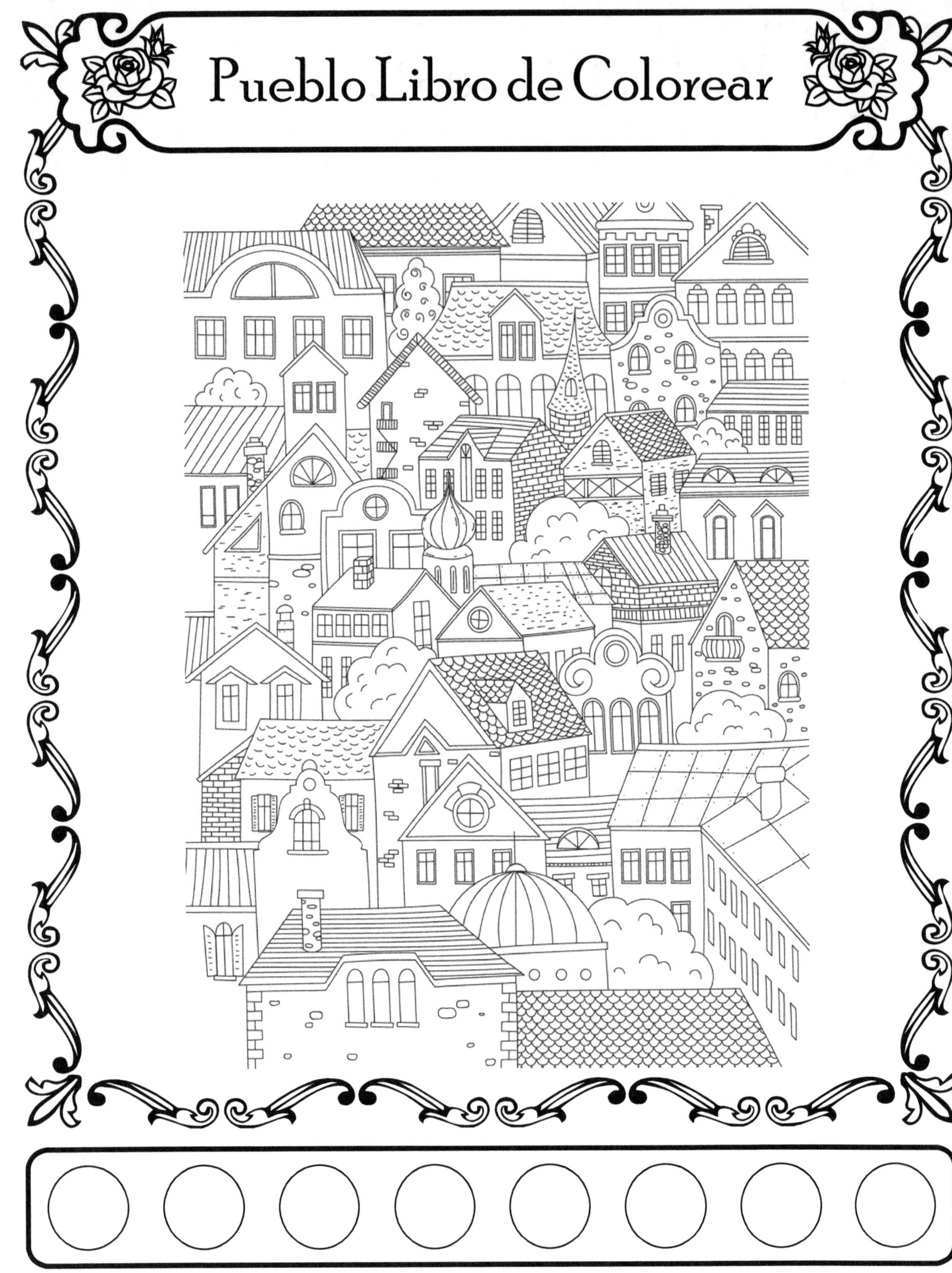

Pueblo Libro de Colorear

Pueblo Libro de Colorear

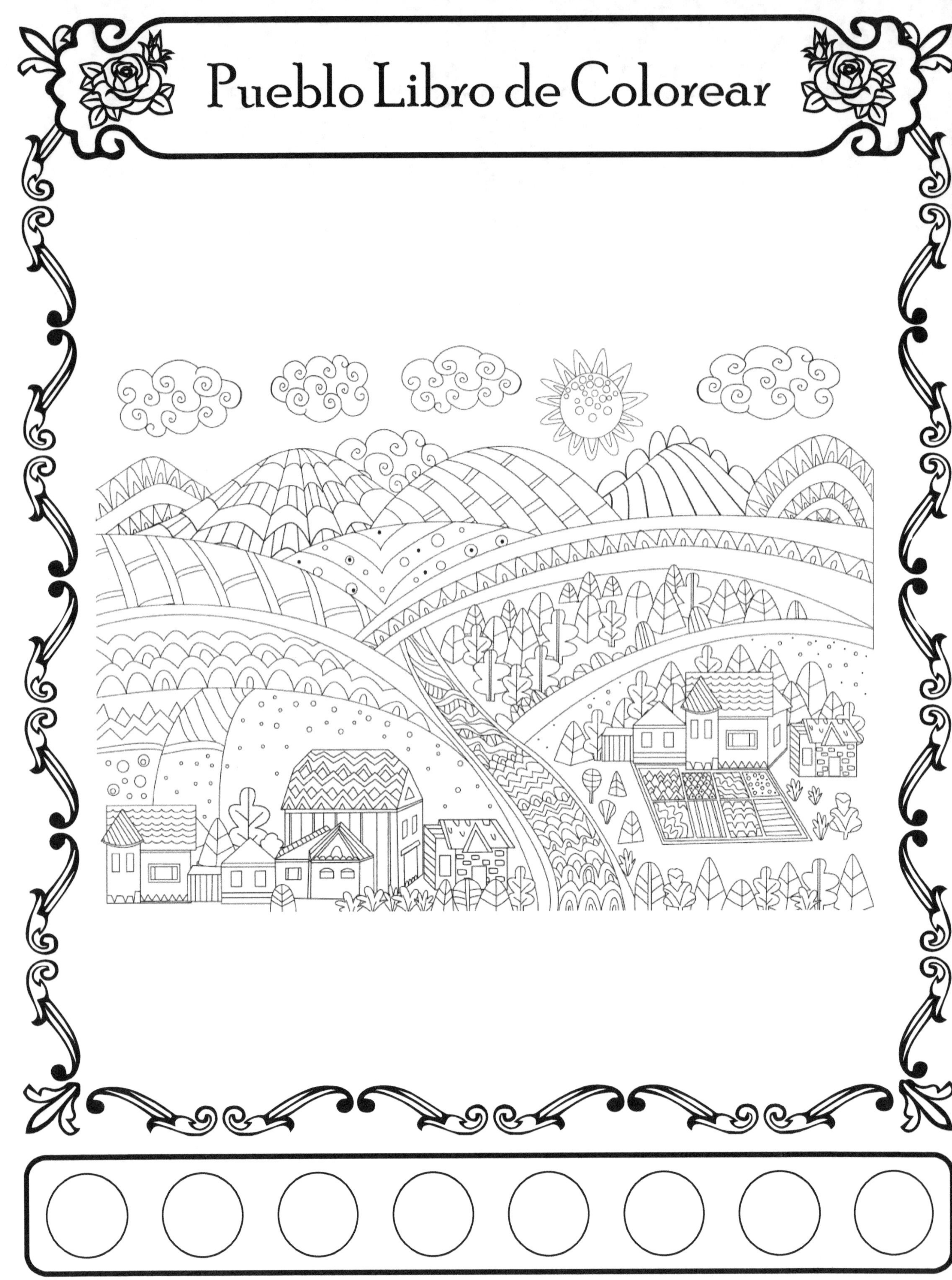

Pueblo Libro de Colorear

Pueblo Libro de Colorear